U0452917

中国的十个名字

郑子宁 著

后浪

图书在版编目（CIP）数据

中国的十个名字 / 郑子宁著 . -- 福州：海峡书局，
2025. 3. -- ISBN 978-7-5567-1289-2
Ⅰ. K203
中国国家版本馆 CIP 数据核字第 2025BW8314 号

著　　者：郑子宁	出 版 人：林前汐
选题策划：后浪出版公司	出版统筹：吴兴元
编辑统筹：梅天明　宋希於	责任编辑：林洁如　俞晓佳
特约编辑：张妍汐	封面设计：春雪
装帧制造：墨白空间	营销推广：ONEBOOK

ZHŌNGGUÓ DE SHÍGÈ MÍNGZÌ
中 国 的 十 个 名 字

出版发行	海峡书局
社　　址	福州市台江区白马中路15号
邮　　编	350004
印　　刷	北京盛通印刷股份有限公司
开　　本	889 mm × 1194 mm　1/32
印　　张	9
字　　数	170 千字
版　　次	2025年3月第1版
印　　次	2025年3月第1次印刷
书　　号	ISBN 978-7-5567-1289-2
定　　价	58.00元

读者服务：reader@hinabook.com 188-1142-1266
投稿服务：onebook@hinabook.com 133-6631-2326
直销服务：buy@hinabook.com 133-6657-3072

后浪出版咨询(北京)有限责任公司　版权所有，侵权必究
投诉信箱：editor@hinabook.com　fawu@hinabook.com
未经许可，不得以任何方式复制或者抄袭本书部分或全部内容
本书若有印装质量问题，请与本公司联系调换，电话 010-64072833

序 一

所谓名字，基本的释义是人或事物的称谓，是区别其他人或事物的特定标志。推及地域、民族、国家，名字则是一个群体的代称，代表着人群在自我认知上的共识。被特定人群广泛接受的名字具备指向性与独特性，是一种群体凝聚力的象征。

作为文物考古从业者，名字对我们的工作有着相当重要的意义。对历史时期的遗迹进行考古发掘时，我们常希望能发现带有名号的器物：发掘墓葬时，得知墓主人的姓名能够让后续研究有的放矢；发掘居址时，获知居民群体的称号可以深化对族属、文化的理解；发掘城址时，确知城市的名称能与史料互为参照，进而了解古代的行政区划沿革。

在我看来，"何以中国"是中国考古学研究的核心问题之一。本书以"中国"之名为切入点，以语言学和历史学的研究成果为依据，为该问题提供了一个具体的观察视角。甫一开篇，本书便引出了迄今发现最早的带有"中国"字样的重磅文物——何尊，随即指出铭文中的中国并非如今我们的祖国，而是指代中原之地、中央之国。其实，在比何尊铸成时的西周更为久远的史前时代，仰韶时期的中原先民们已经掌握了制作彩陶的技艺，其中一类彩陶会在器物的中部绘制花朵状的纹饰。而"花"与"华"二字古义相通，若是身处牡丹花盛放时节的洛阳，今人也许会产生一些浪漫的联想：所谓"中华"，是否源自中央花美之国？彩陶中央绘制的花朵，是不是先民在文字尚未发明的时代，对这片繁衍生息之土地的一种艺术化描绘？

"中国"之名从何而来，显然也不是三言两语能够说清的问题。而在日常生活当中，我们想必会注意到一种有趣的现象：名字并不常由其主人使用，更多是作为他人用以指代的称呼。在我看来，这也正是本书的主旨所在：在汉语之外，我们周边的邻居和远方的朋友们，会使用怎样的词汇来称呼吾国吾民？

回想起来，我与子宁兄相识已近十年。我们的初识缘起于一次环绕关中平原的壮游，行经山野中的汉唐陵阙，观想博物馆中的器物碑刻。此后，我们的相聚也常在旅途之中，或赴东北的松漠之间寻访辽金巨构，或在巴蜀的山崖江畔探寻窟龛汉阙，或远赴异域，共览波斯故都与罗马古城的胜景。我们曾不止一次同往西安碑林，在大秦景教流行中国碑前欢喜赞叹，谈论这方名碑的种种。时至今日，大秦景教流行中国碑成了本书的重要章节，书中对碑刻前世今生详实而生动的描绘，对我而言实在是一种奇妙的体验。

在此期间，我也见证了他作为独立学者和作者逐步成熟的历程。承蒙抬爱，我总能略早于广大读者读到他的著作，名曰提出意见，实为预享饕餮。他的作品从始至终都以扎实的学术素养为基础，又能充分平衡科普与可读性，更为可贵的是他的视野越发广阔。本书中，他以汉语之外的语言对中国的称呼为线索，运用了汉文、拉丁文、回鹘文、藏文等大量史料，论及东北亚、中亚、西亚、东南亚的历史，旁征博引地带来了一次纵然身不能至，却可心驰神往的旅程。这旅程不仅跨越了天南海北的辽阔地域，更能穿越时空、纵贯古今，为读者带来殊为独特的体验。

在一些哲学思想中，"名相"被认为是浮于表面的虚妄，只有不执着于名相，方可勘破事物的外壳，直达深层本质。本书的思路与之颇有共通之处，即不满足于罗列其他语言从古至今对中国有何种称呼，而是以抽丝剥茧的分析逐步深入，最终达到鞭辟入里的效果。具体而言，其研究方法首先是基于文献史料，以及历史、考古等学科的研究成果。对于史料未能触及之处，作者则充分利用自己在语言学领域多年的钻研积累，在科学理论的指导下，以构拟体系推断古今语言的演变过程，尝试为谜题寻找可能的答案。当然，能够将这些阅读门槛较高且难免枯燥的内容糅合得深入浅出、趣味盎然，正得益于作者对材料的熟练掌握与多年撰稿磨练出的扎实文字功底。

《越人歌》中说："今夕何夕兮，搴洲中流。今日何日兮，得与王子同舟。蒙羞被好兮，不訾诟耻。"这是子宁兄曾于纪念语言学大家郑张尚芳先生的文章中征引过的，于此处借用这首自先秦时代流传至今的华南民歌也颇为合适，顺此邀请各位读者同我一起踏上子宁兄掌舵的这苇扁舟，一同漫游于语言与时空之河，探寻中国之名从何而来。

广东省文物考古研究院

朱博文

序　二

　　这是一部围绕"中国"之名从何而来的精彩随笔。郑子宁先生以其生花之笔给读者描绘了一部精彩的文化传播画卷，他的笔触细腻多彩，涉及语言、历史、考古、文化交流等多个领域；他的语言平易通顺，把本来艰深的知识变得老妪能解；他的角度新颖独特，让人沉醉其中、欲罢不能。

　　这不是郑子宁先生的第一部作品，事实上，他之前就著有语言文化科普读物——《东言西语》，同样是一本十分精彩的作品。作为语言学者，我对郑子宁先生的工作由衷钦佩。长期以来，绝大部分的语言学家或深入田野，或埋首书斋，或信步学苑，但是愿意花时间做科普工作，把自己的知识服务于一般民众的学者很少。一方面是因为学术研究、教学任务已经让大部分青年学者筋疲力尽；另一方面，将艰深的专业知识转化为通俗易懂又不失严谨的科普读物并非易事，这是区别于学苑派科研的另一种能力。做科普工作往往需要切入问题的独特角度、跨学科知识的整合提炼、深入浅出的论述思路，以及引人入胜的叙事表达。

人类和其他生物的重要区别就是人类拥有强大的语言能力。语言不仅仅是人们的日常交际工具，还是思维工具，更是和人类的智能、认知息息相关。语言还具有很强的社会属性，一个人使用何种语言变体标记了这个人的社会角色。语言还是重要的文化载体，就像这本书所呈现的，语言和文化交织在一起，是如此地绚烂多姿。语言是如此重要，我们有迫切的需要让公众了解它。很高兴看到郑子宁先生正致力于此。

　　郑子宁先生是我多年的好友，也是我的同乡。他来自江南文化名城——常州，我来自教授之乡——宜兴。宜兴历史上属于常州府，其语言、文化、风俗都更接近于常州。对我而言，他的文字十分亲切，字里行间有一种家乡文人的味道。郑子宁先生出生于知识分子家庭，从小耳濡目染，对知识有深入骨髓的热爱；其后，他求学于新澳，饱受西方文化的熏陶，多元文化下的激荡使他对文化有着敏锐的感知，加之他天资聪颖、博闻强记，这一切优势让他笔耕不辍，每隔几年就有一部优秀的科普作品问世。前一阵，郑子宁先生找到我，希望我为此书作序，当然我欣然为之。衷心祝贺本书出版，并期待郑子宁先生的下一部佳作！

黄河

复旦大学现代语言学研究院

2024 年 10 月于复旦邯郸

目 录

序 一 / 朱博文 ·· i
序 二 / 黄河 ·· v

从 Chin 到 China ···································· 9
威尼斯人的 Cathay 梦 ······························ 27
契丹与赵家 ·· 45
通往 Şinistan 之路 ·································· 65
长安和洛阳的加百列 ······························· 131
大秦与摩诃至那 ···································· 155
妙香国的胞波 ······································· 173
桃花石诸事皆巧 ···································· 187
大元和大明的翻译运动 ··························· 211
荆楚与 Chin ··· 245

作为中国人，我们对于"中国"这个称呼再熟悉不过。尽管现代科学早已证明地球是一个椭球体，地球上并没有天然意义的地理中心，但我们依然沿用"中国"这一古老而美好的名字。这个传承了几千年的名字，展现了我们的祖先对于自己所处的国度乃是中央之国的文化自信。

之所以称中国，是因为中华文明无论是在体量、科技还是文化上都早早建立起相对周边其他文明的巨大优势，而非出于纯粹的地理因素。

尽管如此，华夏文明也并非一开始就以中国自称的。我们第一次用中国称呼自己的国家可以追溯到西周时期。这个发现得感谢20世纪60年代陕西宝鸡的一场秋雨。

陕西关中八百里秦川气候温和、土壤肥沃，是中华文明早期重要的起源地之一。尤其是周朝和秦朝，它们都是以关中为根据地统一的中国。深厚的历史积淀给陕西留下了丰富的文物，其中不少是西周末年埋入地下的，有可能是周平王东迁之时，跟随的周人慌乱之下把家中珍贵的器物暂时藏进地窖。起初这些周人定是准备等局势稳定后再西返，但是他们很多人再也没有回到关中。

1963年秋季的一天，宝鸡天降大雨。雨停后，一处农家院落背后的崖壁被大水冲掉了一部分，露出一个阴森的鬼脸。院落的主人发现鬼脸其实是一个锈迹斑斑的铜罐，就拿它来装一些杂物。后来这家主人因生活艰难搬到外地讨生活，就把铜罐留给了自己的哥哥。哥哥生活也艰难，就想将这个铜罐卖掉。由于铜罐锈迹太重，很难卖出去，最终以 30 元的价格卖给了一个收购站。如果事情正常发展，下一步铜罐将被送去烧熔，然后再做成劳动工具。

幸运的是，这个收购站的工作人员觉察到了这个铜罐不是普通的物品，没有着急处理，而是暂且堆在废品收购站里。直到宝鸡市博物馆的工作人员在某天无意间发现这个铜罐其实是古代的青铜尊。他迅速向上级打了报告，收购了这个青铜尊。此时由于青铜尊锈蚀严重，尊内底的铭文并未被发现。到了 1975 年，青铜尊在被清洗后，内底的铭文显现。考古学家发现，青铜尊的原主是一位名为"何"的贵族。何作为宗室小支的成员曾经参与了洛邑的营建，周王于丙戌日对何进行了训诰并赏赐贝 30 朋，何因此做此尊以做纪念。

由于周人的旧都宗周在关中地区，离中原地区较为遥远。周武王克商之时就考虑过在东方建都，但是他在克商后很快去世，未能完成建都东方的愿望。之后商遗民发动叛乱，继位的周成王和他辅政的叔叔周公又花了几年时间镇压叛乱。叛乱平息之后，为了能够安定东方，周朝决定在洛地营建新都。这件事在《尚书·洛诰》中有较为详细的记载。

何尊的铭文则为这一历史事件提供了更多的细节。周王

何尊

何尊内底上所刻铭文

在训诰之时，转述了周武王的原话。武王曾经训导要"宅兹中国"。这是一代雄主周武王最大的愿望之一。

此时"中国"概念的外延尚没有今天这么广，更多指位于天下之中的中原地区。周人本是位于西部的部落，灭掉本来位于中原地区的商时，自然应该建都中原，在此居住，也就是"宅兹中国"。准确地说，何尊上的原文是"中或"。这是因为汉字形声字字形的确定经历了较为漫长的过程，很多我们今天熟悉的汉字写法在西周初年尚未出现或者还不稳定。

"国"繁体字写作"國"。"国"和"域"在上古时期的读音和意思都较为接近，可能是来自同样的词根——一个相当古老的词根。今天"或"字组成的词则另有来源。早期的"或"表示"域/国"，后来由于其和"域/国"读音接近，就借来表示"或者"。鸠占鹊巢后，为了区分"或"和"域/国"两个意思相差较远的概念，才给"域/国"添上了表意的形旁。

何尊在记录"中国"之名方面可以说是超越时代的先行者，何尊之后的西周文献和文物都并未再出现"中国"。直到春秋战国时期，"中国"开始大量出现。此时除了少数表示中等国家或京师的用例外，大部分情况下"中国"已经指政治文化上较为统一的各诸侯国所在的区域，即我们今天的中国的前身。秦汉之后，"中国"之名更为普及，譬如在新疆发现的汉朝"五星出东方利中国"织锦，说明在西域的汉朝人已经在用"中国"这个称呼了。

"五星出东方利中国"锦护膊

但是全世界不是只有中国人视自己的国家为天下之中，古代的印度也长期视自身为天下之中。当来自印度的佛教进入中国后，甚至在中国还引发了天竺和中国孰为天下之中的争议。如唐朝的道宣和尚就坚定地认为天竺才是天下之中，因为夏至日的正午时分太阳从天竺正上方直射，"方中无影"，所以天竺才是真正的"中国"。

实际上，正午太阳从上方直射是南北回归线之间的区域都会有的现象。印度国土总体分布的纬度比中国要低一些，更靠近赤道。华夏文明早期的重心在北方地区，纬度高于北回归线，因此"方中无影"是稀奇事。倘若到广州以南观察，照样会有"方中无影"的现象。事实上，同样生活在唐朝的义净法师就记录过，室利佛逝国（首都在今天的苏门答腊岛巨港）一年会在春秋两季有两次日中无影的现象。如果按照道宣的中国观，大概室利佛逝国更有资格宣称自己为"中国"。

汉字文化圈的近邻，如日本、朝鲜和越南，文化上深受中国影响，因此他们跟随中国人的习惯，把中国就称为"中国"。今天日语、朝鲜语以及越南语对中国的称呼都是直接源于汉语"中国"的借词。历史上这些国家由于对中国非常熟悉，也多用朝代名直接称呼中国。比如日本，近古以来更多称呼中国为"明国""清国"之类。这是由于日本国家内部也有被称作"中国"的地理单元——本州岛西部区域（位于日本早期的政治经济中心关西地区以及九州岛的中间，所以被日本称为中国），为了避免出现混淆而进行的区分。相对来说，朝鲜和越南则国中并无"中国"，因此他们就比日本更加常用"中国"来称呼中国。此外，印度尼西亚对中国的称呼为 Tiongkok，直接来自闽南方言"中国"的读音。只是和日本、朝鲜、越南不同，中国文化对印度尼西亚的影响相对有限，印尼人只是把 Tiongkok 当成纯粹的音译名在用。

无独有偶，一向自视为"中国"的印度内部也有个"中国"——一个名为"中央邦"的行政单位。这个名字本是来自梵语 मध्य प्रदेश（madhya pradeśa），直译就是"中国"。中央邦位于印度中部，大致相当于印度的"中原地区"。

因为各有各的"中国",世界上其他文明往往并不会称呼中国为"中国"。那么,他们又是怎样称呼这个东亚的泱泱大国呢?这些称呼又是怎么来的呢?

从 Chin 到 China

拜学英语的热潮所赐，今天绝大多数中国人哪怕英语不是很流利，一般也会知道自己国家在英语中被称作China。这也是欧洲西部和美洲各语言中最常见的对中国的称呼。今天全世界范围关于中国的称呼大体分为三类，即"中国"系、"China"系和"Cathay"系。历史上受到中国影响比较大的周边国家用"中国"系，中亚和东欧用"Cathay"系，其他用"China"系。除了英语之外，法语的Chine、西班牙语的China、意大利语的Cina等，虽然拼写和读音有些细微差别，总体而言可说是万变不离其宗。

恐怕出乎很多人的意料，中国的历史虽然有几千年，China在英语中的出现却不是很早的事。最早出现China一词的英语文献是1555年出版的一本游记合集 The Decades of the Newe Worlde or West India（《新世界和西印度的十年》），作者为理查德·伊顿（Richard Eden）。其中一部分翻译自一本威尼斯学者兼探险家安东尼奥·皮加费塔（Antonio Pigafetta）的航海记录。这位探险家参加了麦哲伦的环球航行。众所周知，麦哲伦的舰队虽然完成了环球航行，但是麦哲伦本人因在菲律宾与土著发生冲突而遇难。在麦哲伦遇难后接任的船长也在菲律宾宿雾与当地人的冲突中丧生。整个舰队出发时有 240 人，最终仅 18 人成功回到西班牙，皮加费塔奇迹般的是这 18 人中的一员。由于皮加费塔是麦哲伦的助理和舰队主要的记录员，因此麦哲伦的环球旅行得以被较好地记录在案。

伊顿书中关于中国的原文是："Next vnto this, is found the great China, whose kyng is thought to bee the greatest prince in the worlde."（下一个国家是伟大的中国，它的王被认为是世界上最伟大的统治者。）

根据记录本身和史实，麦哲伦的舰队并没有抵达中国，当时他们在亚洲地区的主要活动区域在今天的南洋群岛。书中自陈对中国信息的获取主要来自一位帝汶岛上的摩尔人（阿拉伯商人）。除了来自摩尔人的道听途说之外，同一本书里也综合了西班牙学者弗朗西斯科·洛佩斯·德哥马拉（Francisco López de Gómara）以及意大利或英国探险家塞巴斯蒂安·卡伯特（Sebastian Cabot）（他对自己的出身有好几种说法）的作品。中间有一部分提到大名鼎鼎的哥伦布。据该书所说，哥伦布一开始并不是想发现新大陆，而是要寻找通往"the ryche Iland of Cipango"（富有的日本岛）的新航路。至于这个富有的日本岛，"which fauleth on the parte of great China or Cathay as wryteth Marcus Paulus Venetus and other"（坐落于伟大的 China，或如威尼斯人马可·波罗和其他人所写的 Cathay 的一部分）。

在之后的文段中，除了 China 和 Cathay 之外，作者还记录了这个东方大国的第三个名字 Sina。原文是："This kyngdome of China, is very great, and was in owlde tyme cauled Sina."（这个 China 王国幅员辽阔，在旧时被称为 Sina。）随后作者提了一笔，这个国家的人穿着丝绸，举止文明，但是不允许葡萄牙人和其他外国人在该国通商。此时大航海时代刚刚开始，中西科技差距也不如晚清时期那般巨大，西方人对中国尚有美好的想象，也颇多溢美之词。

16 世纪西方航海家的记录明确指出，China 是当时对中国的较新的称呼，更老的称呼则是 Cathay、Sina 之类。大航海时代早期，位于伊比利亚半岛的西班牙和葡萄牙两国一度占得先机，两国在全球各地四处航行，抢夺地盘。为了调和两国之间的矛盾，西班牙和葡萄牙于 1494 年签订了瓜分世界的《托尔德西里亚斯条约》。条约在大西洋上画了一条子午线（南半球有一段通过南美洲东部），线西属于西班牙的势力范围，线东则属于葡萄牙。从此西班牙把注意力主要投向美洲，葡萄牙则在亚洲、非洲经营。因此早期涉足亚洲的欧洲航海家多有葡萄牙背景。

早期的葡萄牙语文献中 China 也有 Chine 等其他拼写。之所以要在 chin 后加上一个元音，一方面大概是因为葡萄牙语是拉丁语的后代，固有的名词以元音结尾居多，阳性名词多以 -o 收尾，阴性名词多以 -a 收尾，加上 -a 更符合这种语言中地名的一般规律；另一方面，拉丁文的 Sina 等老说法可能也对 China 的拼写产生了一定的影响。

上面提到的几个西方航海家都并未到过中国，他们对于中国的了解起初基本来自葡萄牙人杜亚尔特·巴尔博萨

（Duarte Barbosa）。巴尔博萨于 1516 年写了《东方闻见录》（*Livro do Que Viu e Ouviu no Oriente*），介绍了东方世界的风土人情。这本书在当时并没有正式出版，但是由于其重要性而被反复手抄和翻译。

我们对巴尔博萨生平的了解其实较为有限，一说他是麦哲伦夫人的兄弟或堂兄弟，后来也加入了麦哲伦的环球航行，不过他远远没有皮加费塔那么走运，1521 年他在宿雾试图洽谈要回麦哲伦遗体时也被土著袭杀。更靠谱的可能是，当时有不止一位杜亚尔特·巴尔博萨在活动，写了《东方闻见录》的杜亚尔特·巴尔博萨并不是麦哲伦的妻舅，他并没有参加麦哲伦命运多舛的环球冒险，而是继续在印度果阿附近活动，并于 1545 年左右才去世。这位巴尔博萨大概率并没有去过斯里兰卡以东的地区，他对中国的了解来源于印度、波斯、阿拉伯以及南洋商人。从最终的记述来看，巴尔博萨记录的道听途说准确性相当高，可见信息源大概率和中国人打过交道，巴尔博萨本人也有颇高的判断力。

有意思的是，巴尔博萨在《东方闻见录》里对中国人的拼写是 chins，而并非现在葡萄牙语使用的 chinês。（《东方闻见录》有的抄本里 China 也写作 Chyna。今天的葡萄牙语很少用 y。拼写改革前，葡萄牙语用作元音字母的 i 和 y 的发音完全一致，y 一般出现在希腊语来源的部分词汇中，比 i 更加"异域风情"一些。这也说明，在葡萄牙人眼里，China 多多少少是个新出现的词。）葡萄牙语的复数形式是 -s，chins 去掉复数词尾的词根是 chin，和后来通行的 China 相比少了尾巴上的字母 a。葡萄牙语的 chin 更像是受到了一种东方语言——波斯语——的影响。波斯语把中国称作 چین（chin），今天的葡萄牙语 ch 读 /ʃ/，但是在 16 世纪时葡萄牙语的 ch 还是读 /tʃ/。从读音上说，波斯语对中国的称呼非常有可能就是 chins 的源头。

作为当年东方世界使用广泛的通用语，波斯语是西方人相对熟悉的东方语言，尤其在海上丝绸之路的东半段，波斯商人更是有着举足轻重的地位。甚至明朝时，中国相当重视培养会波斯语的通事官员，以方便外交。

波斯语的强大影响不仅仅体现在葡萄牙语对中国的称呼上。同期为葡萄牙服务的意大利航海家乔瓦尼·达·恩波利（Giovanni da Empoli）甚至记录了马六甲的一座位于"L'isola di Cini"（Cini 人之岛）上的大都会（应该指广州）。这个"Cini 人之岛"的说法相当有意思，反映了西方人早期对中国的想象受到了南洋人以及波斯人的双重影响。

由于南洋群岛岛屿遍布的地形，政权往往以岛屿为单位，南洋人习惯把某国直接称为某岛（即马来/爪哇语的 nusa）。中国虽然并不在岛上，也被称为 nusa。

Cini 则波斯风味更加浓重。按照意大利语的拼写规则，i 前的 c 读 /tʃ/。Cini 这个名字几乎可以确定来自波斯语对中国人的称呼 چینی（chini）。波斯语 chini 一词的构造其实颇为简单粗暴：末尾的 -i 是波斯语中的一个常用词缀，作用是从名词派生出形容词；chin 则如前所述是"中国"的意思。也就是说，chini 本来的意思就是"中国的"，任何与中国相关的东西都可以称作 chini，中国人当然也是 chini 了。波斯语属于印欧语系，和英语等语言是远亲，这样的形容词转为名词的逻辑和英语 Chinese 既可以表示中国的东西也可以表示中国人如出一辙。

除此之外，恩波利还确定"il re de Cini, che si chiama il gran chane di Chattaio"（中国人的国王，也就是 Chattaio 的大汗）——这将 Cini 和更早的 Chattaio 联系到了一起。把大汗拼写为 chane 的做法可能是受到了波斯语的影响，波斯语名词词尾加 -e 的作用大概和英语的 of 相当，因此提到 Chattaio 的大汗就会在 chan 后面加上 e。恩波利可能不明就里，又重新按照意大利语的语法规则加上了功能与波斯语 -e 类似的 di。

波斯语的影响也不仅仅局限在国名。China 除了表示中国外，首字母小写的 china 还表示瓷器。这则是因为，在波斯人看来，瓷器是最重要的中国商品，因此 chini 单用就专指瓷器了。英语 China 和 china 的说法都有着浓厚的波斯风味，只是由于英语自身语音演变的关系，它们的读音和波斯语差得有些多。

拉丁字母本是古代罗马帝国拉丁语使用的字母，拉丁语元音字母的读音与今天欧洲大陆语言类似，而今天英语的字母读音和其他使用拉丁字母的语言有着相当大的不同。譬如，英语字母 i 的读音为 /aɪ/；在欧洲其他语言里，这个字母基本上都读为 /i/（和汉语拼音 i 的发音一样，汉语拼音字母的读音遵循欧洲大陆语言的拼读习惯）。

今天英语的字母读音之所以和欧洲大陆其他语言会差那么大，则是由于英语在16—17世纪各长元音的读音发生过一次重大的变化，即所谓的元音大推移。大约从1500年开始，英语中长元音 i 的读音开始发生变化，先是由 /iː/ 变成了 /ei/，随后 /ei/ 的第一部分进一步低化，变成了今天的读音 /aɪ/。这个音变相对常见，如19世纪的粤语"皮"的读音还是 pi，但是今天的粤语广州音则将其读为 pei，粤语东莞音则干脆读成了 pai，演变和近古英语如出一辙。

中古英语时期（13—15世纪），作者依照个人习惯随意拼写，差异非常大，非常不利于大规模传播。而16世纪以后，英国的出版行业繁荣发展，图书的受众来自英格兰各地，并不像中世纪手抄本那样仅仅在小范围流通。尽管当时元音的读音已经变得面目全非，但并没有任何机构来推动英语的拼写法进行相应的改革，因此英语的拼写还保留着元音大迁移发生之前的状态。此时，英语的拼写已经大体定型。

然而这个读音规则如果碰到从外语借入英语的词，情况就会复杂很多。由于有现成的外语读音示范，借词并不一定遵循英语自身读音的演变规律，如从法语中借入的 elite 一词，就直接按照法语读音处理，i 读为 /iː/，完全未受到元音大迁移的影响。有些借词本土化程度较深或借入年代较早，受到了元音大迁移的波及，如 champagne 也从法语借入，第二个 a 就读 /eɪ/ 而非法语的 /a/。如果是在音变发生期间借入的词，则很多时候会出现读音混乱的现象。China 进入英语的16世纪正是元音大迁移的年代。

就读音而言，欧洲大陆国家的 China/Cina 由于没有受到元音大迁移的影响，其读音要比英语更接近波斯语，然而这个读音借入英语之后，又会因为英语自身的音变发生变化。为了和欧洲大陆语言以及波斯语的读音尽量接近，China/china 有着极其繁多的拼写变体：譬如，China 的复数形式（指中国人）就有拼为 Chynaes 的例子；表示瓷器的 china 则有 chiney、cheny、cheney、chenea 等多种拼写，这一类的波斯外来语色彩更加浓重。早期英国人甚至会像伊朗人用 chini 那样，直接把 cheney 当成形容词来用，譬如有人就把中国产的丝缎称作 cheney sattin。标准英语截至 19 世纪都有把 china 读为 /ˈtʃeɪnɪ/ 或者 /ˈtʃiːnɪ/ 的，这样的发音甚至到了今天仍然在部分方言存在，完全体现了 china 作为外来词的特点。

而波斯语的 Chin 又是怎么来的呢？这个词的历史可以追溯到更古老的年代。今天的波斯语受阿拉伯语的影响很大，甚至现在的波斯字母也是基于阿拉伯字母创造的。阿拉伯语中中国被称为صّن（ṣīn），这个词在唐朝已经为阿拉伯人所使用。一位名为苏莱曼的番商在中国的见闻后来被整理成了阿拉伯文的《中国印度见闻录》，其中就已经用这个词称呼中国了。总的来说，商人苏莱曼对跟中国人做生意的印象相当好，他的描述里中国人颇守诚信，唐朝有稳定粮价的常平仓政策，对居民的基本生活有一定保障；百姓识字率很不错，土地均被开垦耕种，人也健壮漂亮。想来苏莱曼以进口中国丝绸和瓷器为主的生意应该做得很不错。苏莱曼还对中国和印度的不同做了一些对比，他观察到中国人多以木料造房，印度人则以砖石料为主；印度国王众多，不如中国统一；中国流行的佛教从印度传来。

苏莱曼对唐朝中国的了解相当准确，看样子是确实到过中国。这位来自番邦的商人出生于伊朗波斯湾沿岸的锡拉夫港，当时中东地区最繁忙的港口之一。严格说来苏莱曼并不一定是阿拉伯人，也有很大可能是波斯人。苏莱曼生活的年代，波斯刚被阿拉伯人征服不久，既有的波斯书写传统被抛弃，新的用阿拉伯字母的波斯文尚未发明，文统属于中断状态，此时的波斯人多用阿拉伯文创作。

尽管阿拉伯语的 ṣīn 出现得很早，对中国的称呼还是更有可能系从波斯语进入阿拉伯语。波斯比阿拉伯地区位置更靠东，和中国自古就有较为密切的贸易联系，而且文明发展比阿拉伯地区早得多。早在阿拉伯人还在沙漠游牧时，波斯使团就曾十次造访北魏宫廷，和中国人有直接接触。波斯人在丝绸之路贸易上扮演了重要角色。中国境内发现了大量萨

萨珊波斯的钱币

珊波斯的钱币，毫无疑问是因为波斯商人在中国交易商品而流入的。

因为阿拉伯字母中本没有用来表示 ch 的字母，波斯语 chin 的第一个字母 چ（ch）是借用阿拉伯字母后波斯人自己发明出来的。一般来说，چ 很少用于从阿拉伯语借入的单词。反之，阿拉伯语在借用波斯语时把 ch 借成 ṣ 则相当常见，譬如波斯语的竖琴 چنگ（chang）早期借入阿拉伯语时就成了 صنج（ṣanj）。这和阿拉伯语 ṣ 的古代读音有关。这个辅音按阿拉伯语传统说法属于"强势音"，发音时舌根后缩，甚至咽部也参与发音。这样的发音方式容易让这个音发生一定程度的塞擦化，听起来和波斯语的 ch 比较像。

阿拉伯人也从波斯人那里承袭了把瓷器与中国绑定的习惯。阿拉伯语把瓷器称为 صينيّ（ṣīniyy）和 صينيّة（ṣīniyya）。阿拉伯语中也有一种从名词派生形容词的后缀，称作 nisba。表示"中国"的 صّين（ṣīn），在加上 nisba 之后就成了形容词 صينيّ（ṣīniyy），意思是"中国的"；也可以充作名词使用，用来表示中国的东西。但是和波斯语不同，阿拉伯语的名词有阴性和阳性之分，瓷器作为总称在阿拉伯语中是阴性名词（更准确说会用复数），阴性名词要加上后缀 ة（a）。除阴阳性的问题之外，阿拉伯语与波斯语的构词逻辑如出一辙。

实际上，早在被阿拉伯人征服之前，波斯人就已经把中国称作 Chin 了。在使用阿拉伯字母前，波斯人还使用一种伊朗语族常用的字母——钵罗婆字母来书写波斯语。中国用钵罗婆字母写为 ᎫᏁ，读音上和后来的波斯语几乎没有区别，只是当时波斯语区分长短元音，i 读长元音 /i:/ 而已。在和田丹丹乌里克出土的唐朝时期希伯来字母书写的波斯语文书中，提到了一位说波斯语的犹太商人要购买一些中国香作为礼物，原文中国的形容词写为 ציני（cyny），实际上就是 chini。希伯来字母 צ（ts）其实和阿拉伯字母 ص（ṣ）同出一源，读音接近汉语拼音 c 或 z。希伯来语和阿拉伯语是亲属语言，本没有合适的字母来表示波斯语 ch 的音，因此就采用 צ 来代替。总之，波斯语的 Chin 要比阿拉伯语的 ṣīn 年岁更久一些。

自古以来，Chin 就在波斯文化中占据相当重要的位置。古代波斯的世界观中，波斯位于世界之中，波斯之外的世界则分成诸多方位，其中排行第一的就是位于东方的中国方位。Chin 不光覆盖现代中国，从伊朗东北部、中亚到中国均可以落入 Chin 的范围。

古代用波斯语创作的大诗人，如大名鼎鼎的鲁米、菲尔多西、哈菲兹，他们的作品中无一不提到过中国。波斯诗人们最津津乐道的是中国美人。中国人之美丽在波斯作品中可谓赫赫有名，与罗马人（应指东罗马帝国的希腊人）的美貌齐名，甚至稍高一筹。中国人有着纤长的眉毛、白皙的皮肤，住在美轮美奂的中国房子里。

可能是爱屋及乌，波斯文学中还有诸如"中国画廊""中国佛殿"的隐喻，如果一个地方被这样形容，就是指这里有很多美人。中国也生产各种波斯人竞相追捧的名物，如著名的香料肉桂在波斯语称 دارچین（dārchin），直译就是"中国树"的意思。中国生产的麝香令无数人沉醉，波斯诗歌里一个反复出现的比喻是某位美人的头发比中国麝香还香。

当然，波斯文学里的 Chin 和现在的中国并不是完全等价的。阿拉伯统治波斯帝国后的第一部重要的波斯作品，介于神话和史书之间的《列王纪》(*Shahnameh*)里，Chin 就是一个"出镜率"很高的词。依照《列王纪》的世界观，古代圣王费里顿统治世界 500 年，去世前将世界的统治权分给了三个儿子。最受宠的小儿子分到了居于世界之中的伊朗，大儿子、二儿子则分到了西、东两翼。二儿子图尔（Tur）拿到的东翼包括图兰（Turān）和中国（Chin）。由于没有获得梦寐以求的伊朗，图尔和大哥一起谋杀了小弟，自此掀起了伊朗与图兰之间旷日持久的战争。

按照古代波斯对周围人群的认知，波斯东北方向的居民被称为图兰人。中古时代以前图兰地区的居民多说伊朗语，他们算是波斯人的亲戚。至于更远的 Chin 则和图兰有很大的重叠部分，如中亚地区既属于图兰又属于 Chin。中古以后，伊朗常被东北方向草原来的突厥人入侵，在萨曼王朝之后，波斯统治者多是出身突厥部落，如伽色尼王朝、萨法维王朝、恺加王朝的王室都出身于突厥部落，图兰人也多用来指突厥人。甚至由于中国人和突厥人都是东方的，会出现用 Chini 指代突厥人的张冠李戴的现象。譬如一些诗歌里面提到的"中国美人"，实际来自中亚的怛罗斯或者出身突厥处月部落。还会出现波斯本土的一些诗人，把突厥部落名"处月"当成城市名的情况。

《列王纪》写于 977—1010 年之间，此时的波斯人先是被阿拉伯人征服，东方兴起的突厥人也对伊朗构成了越来越大的威胁。《列王纪》中追溯了古代伊朗帝王的荣光，追忆伊朗"大杀四方"的黄金年代。《列王纪》不是严格意义上的史书，叙事也不是很讲究前后一致。就如之前所说，波斯人并不是总能分得清楚图兰和中国。图兰和中国到底是什么关系，《列王纪》也说得不是很明白：有的文段中，图兰王似乎也是中国的统治者；有的文段中，中国虽有自己的国君，但是图兰的附庸；还有的文段中，图兰和中国互相独立。

在《列王纪》中，Chin 还被分为了两部分，一部分就叫 Chin，另一部分则是ماچین（Māchin），从 Chin 到 Māchin 骑马需要一星期。这是因为波斯人到中国的贸易主要有陆上和海上两条通道，陆上丝绸之路从长安向西北方向延伸，海上丝绸之路则从南方的广州出发。波斯人对中国西部和南部较为熟悉，称这些部分为 Chin。而中原地区以及东部地区由于波斯商人较少涉足，距离伊朗更加遥远，被称为 Māchin。Chin 有时也称为چینستان（Chinestān）。-stān 是波斯语表示地名的常见后缀，是"之地"的意思，今天中亚国家叫"××斯坦"正源于此。有意思的是，菲尔多西还知道中古时期佛教在中国相当流行，他提到了بت چین（bot-e Chin），bot 就是"佛"的音译。

这本书把中国的统治者称为可汗（خاقان / khāqān），这一方面是因为《列王纪》的作者菲尔多西分不大清楚 Chin 和东北方向的草原民族，另一方面是因为南北朝到唐朝的中国皇帝自己也经常采用可汗称号。如南北朝民歌《木兰诗》中有

"可汗问所欲，木兰不用尚书郎"，而唐太宗李世民号称"天可汗"。另一个中国皇帝的专用称号则是 فغفور（faghfur），这个词也有写成 baghfur 的。fagh/bagh 是"神"的意思（伊拉克首都巴格达 Baghdad 的 bagh 是相同的来源），fur 的意思是"儿子"。这个词是对汉语"天子"的直译，这说明此时有些波斯人对中国确实有较深的了解，也知道中国人是怎么称呼国君的。

在《列王纪》的叙事中，中国的统治者一直支持图兰人，因此很多时候和伊朗人为敌。由于《列王纪》本就是以伊朗为中心的史诗，故事结果无非是中国和图兰人一次次被英勇的伊朗人打败。甚至有更加离奇的情节，如伊朗国王鲁斯坦姆就打败并俘虏了中国国君，亚历山大大帝曾经亲自访华，并且收获了中国天子的臣服和礼物。这大概是从一些波斯版本的《亚历山大纪》摘抄的。

尽管如此，Chin 在菲尔多西笔下仍然是个文明、美丽的地方。中国有着美丽的花园、睿智的伟人、洁白的纸张、精美的织锦，有东方地区首屈一指的文明。跟商人苏莱曼比起来，菲尔多西大概率更有才华，生活的年代也更晚，却缺乏来自中国的一手见闻，因此他笔下的中国更像是个半真实半虚幻的远方国度。

这种对于中国的想象可能最有意思的还体现在摩尼身上。摩尼是古代伊朗的一个先知，创立了摩尼教。摩尼素有擅长绘画的美名；摩尼教有本经典就以绘画形式呈现，名为《图经》。后来的波斯人甚至几乎都把摩尼视作画家而非宗教

不同版本的《列王纪》

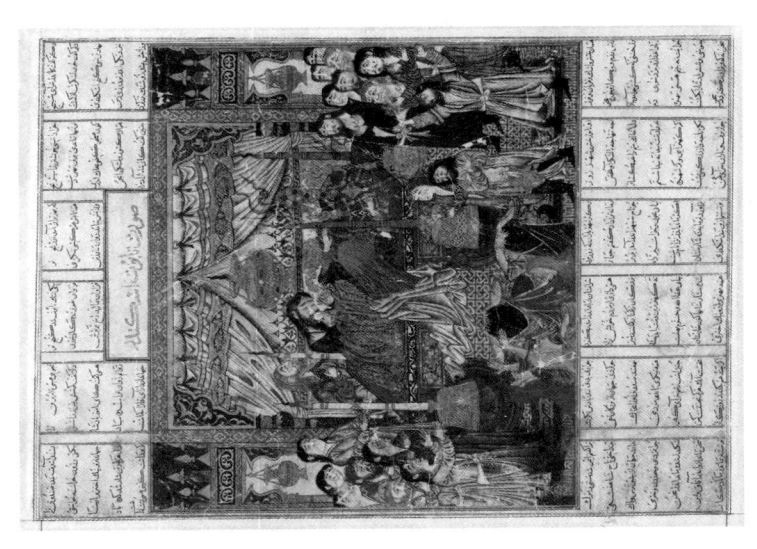

先知。古代中国绘画在波斯负有盛名，驰名世界的波斯细密画就受到中国绘画的很大影响。由于中国人善画，摩尼也善画，《列王纪》里就把摩尼当成了一个来自中国的画家。

真实历史中，摩尼本人和中国可说是毫无关系，他从来没有到过中国，更别提是中国人了。然而，仿佛冥冥之中自有定数，摩尼教从世界其他地方消失后，却在中国不绝如缕。这门来自伊朗的神秘宗教，在古代中国产生过相当大的影响。当下全世界保存下来的《图经》和其他关于摩尼教的绘画，基本出自中国。

总而言之，Chin 作为东方国家的代表，是古代波斯人眼中的一个神秘的远方大国，充满着神秘色彩。历史上波斯人对 Chin 有过源源不断的想象，少数确实抵达中国的波斯人提供了这些想象的原始材料。到了大航海时代，葡萄牙人又从波斯人那学到了 Chin 这个称呼，最终演变为现代西方对中国最普遍的称呼 China（以及其变体）。至于波斯人为什么会把中国称作 Chin，则得再探寻更加遥远的时代。我们在此暂停对 China 的溯源，而把注意力转向哥伦布之前西方最伟大的旅行家——马可·波罗身上。

威尼斯人的 Cathay 梦

商人、航海家、外交家、官员、畅销书作家，抑或职业骗子？世界历史上绝少有人能像马可·波罗这样把这么多重身份集于一身。

马可·波罗以他的东方之旅，尤其是中国之旅闻名。从马可·波罗回到意大利一直到晚明耶稣会传教士抵达中国的数百年间，《马可·波罗游记》（本文简称《游记》）几乎是多数西方人了解中国的唯一窗口。早在马可·波罗生前，他的《游记》就已经广受欢迎；数百年后，《游记》更是所有来华的西方人不可或缺的指南。

在《游记》中，马可·波罗号称自己是忽必烈大汗的亲信，曾经担任过三年扬州总督。对于中国人来说，这不免有些令人发笑。近代之前，在西方鼎鼎大名的马可·波罗，在中国其实是个不折不扣的默默无闻的小人物——甚至算不上"人物"，没有任何一部中国古籍提到过这个人的存在，以至于有人认为马可·波罗可能从来没有到过中国。从《游记》发表迄今，关于马可·波罗经历真伪的争议从未停歇。

按照西方习惯，马可·波罗的全名为"威尼斯人马可·波罗"。马可·波罗个人的经历如同他的《游记》一样迷雾重重。作为"威尼斯人"，他大概率出生在威尼斯城。然而当时的威尼斯并不像今天一样是位于亚得里亚海北端的一座以旅游业为主的城市。当时的威尼斯是一个领域广阔的共和国，或者用威尼斯人自己的描述——"最尊贵的威尼斯共和国"，简称为"最尊贵国"。

威尼斯建立在潟湖之中。罗马帝国瓦解的过程中，日耳曼人入侵罗马，对原有的罗马居民进行烧杀掳掠。潟湖中的泥沼地则相对安全，亚得里亚海沿岸的居民纷纷从陆上逃往潟湖。起初生活在潟湖泥沼的生活定然相当艰苦，但是时间一久，威尼斯人发明了在泥沼里插入木桩搭建平台起楼的技术。本来的泥沼中崛起了一座座居民岛，岛屿之间以及岛屿与外界则靠船只沟通交流。在极端的地理情况下，威尼斯人以盐业贸易起家，组建了强大的海军，控制了亚得里亚海、地中海、爱琴海的诸多岛屿和海岸线，"最尊贵的威尼斯共和国"也由此而来。

今天的威尼斯仍然是一座惊人美丽的城市，然而纵横交错的运河仅仅是这座城市过往荣光的一小部分。由于商人们的需求，这里成为现代金融业的发祥地，成了东地中海地区的霸主。马可·波罗出生的年代，正是威尼斯共和国的鼎盛时期，许多威尼斯人以商贸为业。马可·波罗的家族可能来自达尔马提亚地区（今天克罗地亚一部分），此时达尔马提亚海岸多为威尼斯共和国占据。

马可·波罗出生于1254年。他幼年时，东罗马帝国首都君士坦丁堡正被西方人占领（这正是威尼斯人把十字军导向君士坦丁堡所致），此时威尼斯商人在君士坦丁堡势力庞大。

马可·波罗的父亲和叔叔都在君士坦丁堡做生意，大概是嗅到了风向的转变，1260年波罗家族的两位当家变卖了家产，离开君士坦丁堡前往东方寻找新机会。这是一个非常及时的商业决策，在他们离开君士坦丁堡仅仅一年后，东罗马帝国收复了君士坦丁堡，城内导致帝都陷落的罪魁——威尼斯人统统被刺瞎双眼。

1269年，父亲和叔叔返回威尼斯，见到了已是少年的马可·波罗。两年后，已经17岁的马可·波罗到了可以外出经商的年龄。父亲和叔叔带着马可·波罗，三个威尼斯人开始了又一次的东方远行。当时的交通条件远不如现在，马可·波罗到达大都（今北京）已是四年之后。随后马可·波罗一直待在中国，直到1291年忽必烈汗派马可·波罗出使伊儿汗国并允许他返回欧洲。马可·波罗最终在1295年返回威尼斯，回去的路也走了四年。

马可·波罗把在东方赚到的钱换成宝石带回了威尼斯。作为一位富有的威尼斯商人，他本可以歇一歇了，但是此时的威尼斯共和国有个死敌——同为北意大利城邦的热那亚。马可·波罗参与了威尼斯的政治生活，并出钱装配军舰。在1296年与热那亚的战争中，马可·波罗担任一艘威尼斯军舰的舰长，在战斗中被热那亚人俘虏。

对于马可·波罗个人来说，这是一件不幸的事，然而这次的不幸在阴差阳错之下却让他成为畅销书作家。马可·波罗在热那亚人的监狱里有个狱友，来自比萨的作家鲁斯蒂谦（Rusticiano）。早在马可·波罗被热那亚人抓到之前，鲁斯蒂谦就在一场比萨与热那亚的战役中被俘。结识马可·波罗前，鲁斯蒂谦的主要作品是一本关于英国亚瑟王的演义。在两人穷极无聊的牢狱生涯里，马可·波罗以向他的比萨朋友讲述他的东方大冒险打发时间。

假设没有这个喜欢听故事的作家狱友，马可·波罗的大冒险大概会跟着他一起进坟墓。同期西方很有可能也有类似马可·波罗这样从中国返回的旅行者，然而他们的旅行并未整理成游记，或者这样的游记没有成功传下来。这并非凭空臆测，1951年扬州发现了一块墓碑，墓主叫 Katarina de Villionis，于 1342 年 6 月在扬州去世，是 Dominicus 的女儿。从这些人名来看，他们显然是一家在扬州经商的意大利商人，一些历史文档的蛛丝马迹显示他们可能来自热那亚，然而由于缺乏其他材料，我们对他们的了解基本仅限于此。

有了鲁斯蒂谦的帮助，马可·波罗的故事喜获面世，并大受欢迎。后人对马可·波罗的了解大部分也是直接源于鲁斯蒂谦执笔撰写的《游记》本身。在分析马可·波罗到底来没来过中国的问题之前，先要解决另一个重要的问题——被后人津津乐道的《游记》到底是怎样的一本书？

在马可·波罗活动的年代，西方仍然处于书籍主要靠抄的阶段，在传抄过程中出现一定的增删和修改本就是常事。作为可能是近代以前西方除了《圣经》之外最畅销的书，经过无数人抄写的《游记》的版本问题更严重，尤其是《游记》在传抄过程中还被翻译成了多种不同语言。单纯从版本学角度看，《游记》仿佛一团乱麻，难以理清。

我们可以从作者的背景入手对各主要版本进行初步梳理。两位主要参与作者分别是威尼斯人和比萨人，今天威尼斯和比萨都属于意大利。按照常理推想，意大利语版本应该是比较早而可靠的。然而意大利统一是很晚的事情，20世纪以前意大利方言林立。今天的意大利语是基于托斯卡纳地区佛罗伦萨的方言演变来的，比萨也属于托斯卡纳地区，其方言和佛罗伦萨相差不大。但是鲁斯蒂谦和通过用托斯卡纳方言创作最终让这种方言"上位"的但丁差不多是同时代的人，《游记》的面世早于但丁的巨著《神曲》20多年。此时托斯卡纳方言还只是乡野土语。鲁斯蒂谦本人关于亚瑟王的小说就是法语作品，不过他用的"法语"并不是纯粹的法国法语。由于法国境内的拉丁语变体演化速度特别快，口语和拉丁语差距越来越大，因此法国基于当地方言口语的书面语出现得比意大利更早、更成熟。意大利北部作家在创作小说等文体时也往往模仿法国人，使用（他们认为的）法语创作，这种意大利北部一度流行的法语和当地方言混合的书面语称为法兰克–意大利语（Franco-Italian），即有一定意大利当地方言特点的法语。

曾经的海上霸主"最尊贵的威尼斯共和国"则通用威尼斯语。马可·波罗生活的年代，受过良好教育的威尼斯公民在正式场合或书面语中一般使用拉丁语，但是马可·波罗显然不属于这类人。以托斯卡纳方言为基础的意大利语在这个时代的威尼斯尚未有很大的影响力。威尼斯由于地处意大利东北，又是贸易大港，当地的威尼斯语介于法语和意大利语之间。尽管威尼斯语远不如意大利北部其他城市（如热那亚、米兰、都林等地）的方言像法语，但是既然连托斯卡纳人鲁斯蒂谦都能用法兰克-意大利语，威尼斯的作家们使用这种语言也就不足为奇了。

根据《游记》的体裁和马可·波罗与鲁斯蒂谦二人的语言背景可以推知，二人的口头交流大致是依托（稍加调整的）各自的方言进行的，鲁斯蒂谦的原版《游记》大概率是以法兰克-意大利语写成。《游记》的原版已经佚失，现存最古老的抄本恰好是 14 世纪早期的法兰克-意大利语版本［这个名为 Le Divisiment dou Monde（《世界情况》）的抄本至今仍然保存在法国国家图书馆］，后来最重要的版本则是 15 世纪的拉丁文版本（文艺复兴时期由于西方知识界普遍学习拉丁文，这个版本成了很多其他版本的底本）。《游记》还有一个重要版本是 16 世纪的意大利地理学家赖麦锡（Giovanni Battista Ramusio）整理的版本。赖麦锡也是威尼斯共和国人，算是马可·波罗的老乡，他花费了大量时间整理马可·波罗的事迹。1557 年赖麦锡去世，两年后他生前整理的意大利文抄本出版。这个版本除对《游记》进行了一定的注释和分析外，还由于赖麦锡在威尼斯的图书馆里发现了稀有的抄本，从而据此增补了同时期其他抄本所没有的一些内容，且增补的内容与原内容一致性较高。

非但如此，赖麦锡还提到，此时很多人早已把马可·波罗的游记当成杜撰的故事。赖麦锡本人则坚信马可·波罗事迹的真实性，他努力搜集新的材料，修正其他抄本的错误以

《马可·波罗游记》古法语版本书影

饷公众——这就是这个抄本耗费多年时间,在作者去世后才面世的原因。赖麦锡时代能见到的许多历史抄本现在一定早已灭失了,他的工作给这些材料留下了非常宝贵的记录。

可不要小看赖麦锡工作的艰巨性。《游记》的各个抄本内容不尽相同,很多专有名词有诸多变体,甚至连马可·波罗的名字在各抄本中的拼写也各不相同,更有甚者,一个版本内的拼写都前后不一致。早期的法兰克-意大利语版本中马可·波罗的名字写为 March Pol 或 Marc Pol;另一个早期版本——威尼斯语版本里,他的名字则有 Marco Pollo、Marcho Pollo、Marcho Polo 和 Marco Polo 四种写法。对于马可·波罗名字这样的西方语言中的专名,尚且容易寻找各语言的对应规律以推导出合适的拼写,但是校正东方的大量地名、人名、民族名就要难办得多,更别提调和各版本存在的记载参差了。可以说,马可·波罗本人也应该好好感谢这位比他迟出生 200 多年的小老乡。

就马可·波罗的中国经历真假的问题来说,《游记》里确实有一些可疑之处。譬如其中记载忽必烈曾经收到过 10 万匹白马作为礼物——就算是马背上的蒙古大汗,单次收到如此庞大数量的白马恐怕也有些不切实际。可以肯定的是,由于经过了小说家鲁斯蒂谦的加工,一些过分戏剧化的内容必然会有虚构或夸张的成分。此外,在洋洋洒洒的描述中,竟然没有一处提到中国人饮茶的习惯,而后来访问中国的西方人无一不对中国人喝茶的习俗感到新奇不已。整理《游记》的赖麦锡正是头一个提到中国人喝茶的西方人,他把这种中国饮料称作 Chiai Catai。

除了作者本人的自吹自擂或者鲁斯蒂谦美化之外，对类似完全忽视茶的问题的可能解释是：马可·波罗的生活圈子和交往对象以蒙古人和色目人为主。毕竟马可·波罗本人似乎从未学过汉语，大概率也没有亲近的汉族朋友，未能观察到元朝时汉族人民的生活习惯。

但是《游记》的另一些信息表明，马可·波罗本人对中国有很深的了解，如书中提到了中国使用纸币。马可·波罗对中国地名的描述也相当准确。假如说这些信息尚且可能通过一些商人的口口相传进入马可·波罗耳中，那么另一桩事则为马可·波罗中国经历的真实性提供了重要支撑。

按照马可·波罗自己的说法，波罗家的三个男人曾经受忽必烈汗之命出使印度。他们从印度返回中国时，正好碰到了伊儿汗国派来的三位使者。伊儿汗国是蒙古帝国分裂后留下的四大汗国之一，统治中心位于今天的伊朗。当时伊儿汗国的可汗阿鲁浑丧妻不久，其妻卜鲁罕可敦临终留下遗言：非本族女子不得继可敦位。卜鲁罕属于伯牙吾氏，因此阿鲁浑派使者到元朝求亲。

三位使者与波罗家三人相谈甚欢，被马可·波罗等人的魅力、谈吐、见闻所折服，一起到了大都。后来忽必烈挑选了卜鲁罕部少女阔阔真作为阿鲁浑的新妻子。阔阔真时年17岁，长相美丽动人。

马可·波罗等人受命护送阔阔真到伊儿汗国。正是借着这个契机，大汗终于允许马可·波罗回国，这也成了大汗交给马可·波罗的最后一项任务。护嫁的队伍从泉州出海，在苏门答腊等待五个月之后，经波斯和印度抵达伊朗。此时已是 1292 年，距 1286 年阿鲁浑妻子去世已经过去六年，而阿鲁浑本人也已经去世，阔阔真嫁给了他的儿子合赞汗。任务完成后，马可·波罗等人则终于踏上了返回欧洲之路。

此处，马可·波罗特别细致地记录了三位伊尔汗国使者的名字：在法兰克-意大利语版本里，三人分别是主使 Oulatai、次使 Apusca、三使 Coia；在拉丁语版中是 Oulathay、Apuscha、Coya；在赖麦锡版中则是 Ulatay、Apusca、Coza。各版本之间一致性较高。长久以来，由于缺乏旁证，加之三位使者并非著名历史人物，我们对这三位使者到底是否真参与了迎亲不得而知，顶多只能说这三个名字在当时的历史背景中比较合理。

但是 1941 年，学者杨志玖在《永乐大典·站赤三》所引《经世大典》一段找到了阔阔真出嫁的记录。

《站赤》收录的主要是一些关于驿站事务的公文等。汉语中表示站点（而非站立）意思的"站"其实是一个蒙古语借词，在元朝以前汉语的站点称为"驿"，蒙古语则称为 ᠵᠠᠮ（jam）（今天多指道路）。按照蒙古语的语法，一个词后加上后缀 ᠴᠢ（či）就表示从事该词代表的事情的人。所以蒙古语有 ᠵᠠᠮᠴᠢ（jamči）一词，表示管站者，汉语音译为站赤。

这个词在汉语里首先出现是在南宋末年曾经出使蒙古的彭大雅的《黑鞑事略》中，当时写作"蘸"。原文为："置蘸之法，则听诸酋头项自定差使之久近。"大概因为站点意思和站立的"站"有些类似,读音也一致,所以后来从写作"蘸"改为写作"站"。

畅通无阻的驿站系统是元朝的一大特色。明朝初年一度试图重新启用"驿",终因民众语言习惯已经养成而没有成功。和中国一样被蒙古征服过的俄罗斯则称驿站为ям(jam),土耳其则说yam,至今日本、韩国一般仍然使用"驿"。"站"甚至传到了从未被蒙古征服过的越南,在越南读trạm。

《永乐大典》中阔阔真出嫁的相关原文为:"上言今年三月奉旨,遣兀鲁䚟、阿必失呵、火者,取道马八儿,往阿鲁浑大王位下。同行一百六十人,内九十人已支分例,余七十人,闻是诸官所赠遗及买得者,乞不给分例口粮,奉旨勿与之。"也就是说,伊儿汗国的三位使者分别名为"兀鲁䚟""阿必失呵"和"火者"。

元朝初年北方汉语读音和今天已经较为接近,并不难看出三位使者在《永乐大典》中的名字和《游记》中的Ulatay、Apusca、Coza明显一一对应,甚至连三位的排序都完全一致。不仅如此,在波斯史学家拉施特的《史集》中也记载了阔阔真与合赞汗结婚一事。《史集》中只记录了一位使者的名字خواجه(khāje),即三使火者。这可能是因为خواجه是一个波斯语常用的表示"贵人"的尊称,这个词来自古代梵语,和汉语的"和尚"同出一源,因此这个人名容易被波斯人听辨记录。另外两个名字则是来自蒙古语和突厥语,对于波斯人来说听记比较麻烦。

尽管《永乐大典》和《史集》中都没提到送亲使团中还

有三个西洋人，更别说提及马可·波罗的大名了，但是此次护嫁之行若非亲身经历，很难还原伊儿汗国使者的名字。出现这样的细节说明马可·波罗大概率确实参与了送亲并在送亲结束后顺势归国。

不过作为中国人，我们无须太过纠结马可·波罗到底是不是在中国当过大官，忽必烈大汗对他的喜爱到底有几分真。他对中国历史本身的影响大概微乎其微，我们了解同期中国的历史事件和社会情况也自然有丰富得多的本国史料。但是马可·波罗的《游记》有一点是中国本国史料无法提供的，那就是当时中国大量地名是怎么被外国人称呼的。

首先值得一提的当然是中国本身。

16 世纪初并不是 Chin 第一次进入西方语言，早在 14 世纪，西方人就已经在《游记》中见到了 Chin。法兰克-意大利语版本称中国以东的岛屿之间的海为"mer de Cin"，即"Cin 之海"的意思。为了解释 Cin 这个名称的由来，马可·波罗补充道：称呼这片海域为"mer de Cin"，是"car je voç di qe en langajes de celz de cest ysles vaut a dire Mangi quant il dient Cin"（因为这些岛上的居民的语言里，说 Cin 意思就是说 Mangi）。根据文段描述，这片岛屿共有 7448 座。以这么庞大的数量推断，这里应该不会是日本列岛，而是菲律宾或者印尼群岛。Mangi 是《游记》中对中国南方的称呼，而马可·波罗声称南洋人把中国人称为 Cin。这有点失准，南洋较为通用的马来语称中国为 Cina，并非 Cin，此处可能是马可·波罗套用了波斯语的读音或者记下的马来语稍微有点歪。然而马可·波罗能知道中国被称为 Cin，说明此时到过中国的欧洲人已经知道了波斯语里的 Chin 就是中国。该拉丁语版抄本此处的 Cin，在另一版拉丁语版中写作 Çiri，显然是抄写过程中把 n 误拆成 ri 的讹误，这种错误在古代欧洲抄写员抄到不熟悉的词时相当常见。

马可·波罗像波斯人那样用 Chin 来指代中国，几乎可以肯定马可·波罗会波斯语。波斯语此时是陆上和海上丝绸之路东段的重要商业用语。由于其相对简单易学，又和欧洲许多语言属于同一个语系（尽管此时这个事实尚未被发现），在东方经商的西方人几乎都会学习波斯语。不过《游记》中 Chin 只出现了一回，即 mer de Cin（中国海），其他地方几乎没有再出现过。

除此之外，还有一个常见的词是 Mangi，不同的《游记》抄本里有 Mangi、Mangy、Mancy、Mangino、Manci、Magi 等多种写法。马可·波罗来华时正值元朝，中国历史上本就有南蛮一说（现代有些方言还把更南方的外地人称作"蛮子"），元朝时蒙古人吸收了"蛮子"一词作为对南方人的贬称，用于指原南宋地界的居民，后来也指中国南方。虽然这个词在中国人听来相当刺耳，不过欧洲人甚至马可·波罗本人知不知道这个词的真实含义和贬义色彩值得商榷。

虽然马可·波罗在描述"中国海"的时候明确指出 Cin 和 Mangi 是一回事，Cin 是南洋人对 Mangi 的称呼。不过在描述中国北方时，他却坚持用另一个词 Catai（Chatai/Catay）。

这个词中国人应该不会特别陌生，著名的老牌香港航空公司国泰航空，其英文名为 Cathay Pacific。Cathay 在英语中是中国的古称，和《游记》里的 Catay 是一个来源，或者不如说，英语的 Cathay 正是来自英文版的《游记》。

英语中 Cathay 第一次出现是在 1744 年英国诗人詹姆斯·汤姆森的著名诗歌《四季》的《冬》篇，这个篇章于 1726 年写成，后来经过修改扩写，原句为"Bends to the golden coast of rich Cathay"（行至富庶的 Cathay 的金色海岸）。詹姆斯·汤姆森是苏格兰人，他一生最远的行程是 1730—1731 年间前往欧洲大陆的"大旅行"。这是当时英国贵族子弟的传统，即在青年时期，以欧洲大陆尤其是文艺复兴发源地意大利为目的地进行长途游学。他从没有到过中国，但一定会知道马可·波罗，Cathay 的金色海岸纯粹出自诗人的想象。

最早的英文版《游记》是 1579 年约翰·弗兰普顿（John Frampton）由西班牙语抄本翻成英语的版本。在这个版本里 Cathay 以 Cathaya 和 Kataia 两种拼写形式出现，以后者为主。《游记》问世的时代，拉丁语还很有影响力，《游记》的早期版本所使用的语言也多是拉丁语的后代。拉丁语本身的单词几乎不会出现 th 的字母组合，古代拉丁语出现 th 的词一般是从希腊语借用的。对大多数罗马人来说，t 和 th 只是纯粹的拼写不同，读音是一模一样的。由于希腊语在古罗马社会有着崇高的文化地位，久而久之，使用拉丁语的人形成了一个习惯，即在拼写外来语，尤其是异域风情较为浓厚的外来语时，有时会把 t 写成 th。有些版本 Cathay 的拼写混乱异常，时而写 t，时而写 th，间或有 tt。

成为后来众多版本《游记》母本的 15 世纪道明会拉丁语抄本则较为统一地使用了 Cathay 的拼写（除了有一处 Cathai），这应该就是后世英语 Cathay 的源头。

对于欧洲大陆大部分主要语言来说，加不加 h 的读音是一样的，只是拼写不同，但是英语加了 h 则会改变读音。由于英语借入 Cathay 时直接从书面借入，按照自身的读音规律读，因此这个强加的 h 反倒对 Cathay 的读音产生了影响。

和汤姆森的诗歌一样，今天西欧语言的 Cathay 带有一点儿旧时代东方的怀旧调调，西人听来大概就会想起遥远、富有、神秘的东方。但是在东欧，中国的正常名称则普遍为一个和 Cathay 很像的词，如俄语把中国称为 Китай（Kitáj）。中亚诸语言则稍有区别，如乌兹别克语称中国为 Xitoy，蒙古国的蒙古语把中国称为 Хятад（Xjatad）（内蒙古的蒙古语称ᠳᠤᠮᠳᠠᠳᠤ ᠤᠯᠤᠰ/Dumdadu Ulus）。

有意思的是，尽管波斯人贡献了 Chin 这个重要称呼，Cathay 在波斯语中也有出现。上文提到过茶在西方最早的记录是赖麦锡所记的 Chiai Catai。这个说法是他从来访威尼斯的波斯商人 Chaggi Memet 那里听来的。按照读音分析，Chiai Catai 应该是波斯语的 جای ختای（chāye khetāy）。chā 自然就是汉语的茶，-ye 则是一种在波斯语被称为 ezāfe 的构词法。

波斯语中要连接两个名词或者一个名词和一个形容词，经常使用 ezāfe（一般来说如果碰上以辅音结尾的词就直接加 e，以元音结尾就加 ye），其作用有些类似于英语的 of。譬如 برادر مريم（barādar-e Maryam）就是"麦尔彦的兄弟"。因此 chāye khetāy 就差不多相当于"khetāy 茶"的意思。但是后来在使用中，"khetāy"被省略。Chā-ye 被错误分析为 chāy-e，茶叶原型就成了 جاي/chāy，从此波斯语里就把茶称作 chāy，并影响了很多其他语言对茶的称呼。Chiai Catai 基本可以肯定是直接音译自波斯语。赖麦锡还补充这种饮料来源于 Cataio 国，这正是赖麦锡版《游记》里对 Cathay 的拼写。

莫非在输出了 Chin 之外，波斯语还输出了 Cathay？对于马可·波罗来说，很可能确实如此。波斯语的 kh 是一种擦音，即以软腭为发音部位的 h，其实和汉语拼音的 h 以及许多北方话"海"的声母差不多，国际音标写为 /x/。但是欧洲语言的 h 本来多表示从喉咙呼气的音，摩擦要比 /x/ 弱一些，更像粤语"海"的声母。拉丁语的 h 在法语、意大利语、西班牙语等语言中更是早在中世纪时就趋于弱化消失，h 实际不发音，因此很难用拼写表示这个音。在早期的法兰克-意大利语版本中，Chatai 的变体正是试图用 ch 的字母组合充当该音的权宜之计，后来也有几个抄本出现了 ch- 的拼写。这个做法在赖麦锡笔下的波斯商人的名字 Chaggi Memet 的拼写中也有所体现，Chaggi 应该就是波斯语的 حاجی（hāji）。

然而波斯人怎么会在 Chin 之外又把中国人称为 Cathay 呢？这个亚得里亚海滨威尼斯商人口中的 Cathay，其源头则在万里之外的辽宁。

契丹与赵家

上古时期本就各族杂处，春秋战国时期各国对于城市和平原的农民的控制力较强，但是不远处的山区往往居住着戎狄等各族人。中原王朝对辽西的控制并不稳固，北方的各草原民族经常取得辽西地区的主导地位。此时，该地区往往会出现失控的现象。如西晋后期，由于中原政权对东北方向控制力的减弱，居住在辽西郡的慕容鲜卑最终形成了十六国之一的前燕。

除了慕容鲜卑之外，渤海人、奚人等先后都在古代的辽宁地区生活过。其中影响最大的可能就是契丹人，他们建立了和北宋对峙的辽朝。这个在中古历史上极为重要的朝代正是以辽地为国号。

但是契丹人在历史舞台的登场时间要比辽朝早得多。契丹首次出现是在成书于北齐天保五年（554年）的《魏书》中，书里记载，早在北魏开国皇帝道武帝拓跋珪登国年间（386—396年），契丹就曾经被北魏击败，和北魏几乎同时登上历史舞台。也有史籍认为契丹人就是宇文鲜卑的一支。此外，朝鲜12世纪编修的《三国史记》中记载高句丽小兽林王八年："秋九月，契丹犯北边，陷八部落。"时值公元378年。尽管《三国史记》本身修成年代很晚，所参考的材料一定来自更早的年代。就近期的研究看,契丹人的语言和鲜卑语有相近之处,可能有承继关系,确实有可能就是鲜卑的一支。契丹人本来是在内蒙古东南部到辽宁西部的西辽河流域,唐朝晚期回鹘汗国崩溃,给了契丹人统治蒙古草原的机会。随后唐朝灭亡,又给了契丹人进入中原的发展空间。

契丹给 Cathay 的来源问题提供了解决的契机。波斯和西方史料里的 Cathay 都出现在辽朝建立之后,辽朝一度统治过华北北部,极盛时其西部疆界可以一直到中亚地区。国号"辽"其实主要是模仿中原王朝制度,供汉语人群使用,其间辽朝也曾恢复国号为"契丹"。所以 Cathay 和契丹有关系是最有可能的解释。不过要想把 Cathay 和契丹挂钩也涉及一个问题,就是"契丹"的读法。

汉语"契丹"是中古早期就有的翻译,中古汉语契丹的读音大概是 /kʰit tɑn/。/kʰ/ 相当于汉语拼音的 k;/ɨ/ 类似汉语拼音的 i,但是发音位置靠后一些;/t/ 则相当于汉语拼音的 d。"契"的这个读音收录于宋朝的韵书《集韵》中,可能是宋朝时宋人听到了契丹人的自称出现的模仿读音,如果按照中古汉语的一般读法,则是读 /kʰei/ 或者 /kʰet/。不管采用哪个读音,"契丹"与 Cathay 相比,其他方面的来去并不算大,但是尾巴一个是 -n,一个是 -i,这个区别不容小觑。这两种读音到底是不是同出一源?如果是,哪种更正宗?这毫无疑问要考察契丹人如何自称。

然而这个问题并不是很好解决。契丹语早已彻底灭绝,契丹人生活的年代,录音设备尚未出现。要想知道契丹人如何自称，就只能从文字资料中搜索蛛丝马迹。虽然文字材料并非契丹文化的强项，但契丹确实曾经有文字。辽朝官方一直采取契丹语和汉语在官方层面并行的政策，前者在辽朝被称为"国语"，但是在书面实践中汉文的优势更明显。现存的辽代建筑上面留下的文字以及辽代碑刻大部分都是汉文，文献更是几乎全为汉文。契丹文最主要的出现场合则是在契丹贵族的墓志铭中，此外，一些铜镜、印章、腰牌、钱币上也有零星的契丹文出现。历史上应该确实有许多契丹文写成的书册，但是在无人使用契丹文后，契丹文书籍变得非常稀少，尤其是契丹大字的书籍，现存的仅有俄罗斯藏的一本出自吉尔吉斯斯坦的来路不明的抄本。

更雪上加霜的是，本来就不算多的契丹文材料居然还分成大小两种文字。两种文字字形上都受汉字启发。大字主要表意，是一种和汉文更相似的文字，传统说法是于920年由辽太祖耶律阿保机亲自创制。比大字晚五年出现的小字的发明者是阿保机的弟弟耶律迭剌。受回鹘文启发，小字有许多用来表音的字符，书写时可以把几个字符堆叠在一起来拼读。所幸"契丹"作为辽朝的常用词，在契丹大小字材料中均有出现，尤其是在契丹贵族墓葬中，作为国号的一部分经常被使用。

辽代墓葬石刻中最精良的是辽代帝后的哀册。按照辽朝的习惯，帝后的哀册需要制作两份，一份为汉文，一份为契丹文。在辽道宗的契丹文哀册上，开头的几个字为"又穴女叐玐刭哭叐关"。

辽道宗契丹文哀册

然而光是看这些字符，没人能知道它们表达的是什么意思。不过，无良游人的"到此一游"，却让事情出现了转机。

中国历史上唯一的女皇帝武则天去世后与唐高宗合葬乾陵。武则天为自己的丈夫撰写了洋洋洒洒的《述圣纪碑》，讲述一代明君唐高宗的丰功伟绩。然而武则天自己的碑，却是一通无字碑。关于无字碑是怎么回事，至今没有完全破解。无字碑上已经刻好了格子，显然本来是准备刻字的，这种欲刻未刻的状态引发了后人的无限遐想。后来有人到乾陵访古，却偏偏要在无字碑上刻下"到此一游"类文字，现今无字碑上已经布满了密密麻麻的文字。当然，这些文字绝大多数都是汉文，然而在中部靠上的位置，却有一种奇怪的文字。

幸好这则"到此一游"也附送了汉文。大致说的是大金皇弟都统经略郎君在乾陵附近打猎时见到乾陵年久失修，殿庑倾颓，于是下令重修乾陵。此处的大金皇弟应该是金太宗完颜晟的弟弟完颜撒离喝。这段文字刻于1134年，明朝已经有金石学家认为这种奇怪的文字可能是女真文。这在逻辑上讲得通：既然是金朝皇族所写，那么文字当然应该是女真文了。

问题出在年代上。女真文和契丹文一样也分大小字，大字发明于1119或1120年，小字发明于1138年。由于时代先后的关系，如果无字碑文字是女真文则只能是女真大字。但是女真大字与契丹大字和汉字一样，都是每个字线性排列，而不会像碑上的奇怪文字那样几个字堆叠在一起。20世纪后，随着契丹小字石刻的陆续面世，人们才发现原来这种文字其实并非女真文,而是契丹文。女真人刚刚兴起时文化水平不高,有些女真人就学习了契丹文字。《金史》记载,完颜撒离喝后来被金朝废帝完颜亮猜忌,完颜亮密旨使人假造契丹小字写成的家书,诬陷其谋反,并将其杀害。既然可以用这种手段进行诬陷,可见完颜撒离喝确实喜欢用契丹小字。无字碑上的契丹小字和汉文是双语对照材料,从而成为后来破解契丹小字的最主要基础。

尽管我们对契丹小字的了解仍未完备,但是现有的知识已经足够把辽道宗哀册碑盖的头几个字分拆成几部分。又 是"大"的意思,这个是一个表意字;八女又 是"中央"的意思;𘭪𘲺 是"辽"之意;天又关 则是"契丹的";跟随其后的则是辽道宗的谥号。辽道宗年间,辽朝的国号由"大契丹"恢复为"大辽"。看起来,墓志铭反映的契丹国号会根据当时辽朝汉文国号的变动而变动,凡是在辽朝国号为"大辽"时,𘭪𘲺 就会放在"契丹"前面,国号为"大契丹"时,就会置放于"契丹"之后。可见至少官方层面上,当汉语国号改变时,契丹语的国号也需要进行相应的变动,而不是一直以契丹国相称。

天又关 三字中的最后一字是属格标记。契丹语和汉语不同,一个词会因语法功能的变化而增加相应的词尾,属格的功能大约相当于汉语的"的",即墓主是大契丹"的"皇帝。"契丹"的词根本身则由 天又 表示,这两个字恰好都是表音的字。除了辽道宗哀册之外,其他的契丹小字墓志铭中"契丹"还有写 天关 的。

契丹小字的表音远不像拉丁字母那样有规律。表音的契丹小字可以代表一个音素或一个甚至两个音节。冇只在"契丹"一词中出现；而由于契丹语是蒙古语系的一种语言（并非蒙古语的直系祖先），和蒙古语以及蒙古语系的其他语言共享一些基础词汇和语法特征，关则基本上可以肯定读作 i；只剩下中间的 夊 字，因此它怎么读就很重要。

比较肯定的是，夊 的发音应该带有鼻音。除了表示"契丹"外，夊 还用在其他场合。譬如契丹人名"讹里本"就写作 圠 ⺌ 中 或者 圠 ⺌ 舟 夊。既然汉文把末字翻译为以 -n 结尾的"本"，就意味着 夊 确实应该带 n 的音。也就是说，"契丹"在契丹语里的读音和在汉语里一样以 -n 结尾，而并不像西方语言中的 Cathay 那样以 -i 结尾。

对于汉语音译"契丹"的准确性，还有个出乎意料的旁证——古藏文。辽朝兴盛时西藏正处于吐蕃灭亡后的混乱时期，没有留下很好的记录，但是唐朝时吐蕃帝国兴盛一时，一度北扩，控制了今天新疆和中亚其他区域，也留下了诸多其他民族的记录。

敦煌在唐朝中后期曾经被吐蕃占领 62 年，吐蕃在敦煌设置抄经中心，因此敦煌保有不少藏文档案。1908 年，法国汉学家伯希和从敦煌获取了一批文档，其中一份文档上既有汉文又有藏文。这份文档的藏文部分记载了五个 ཧོར（hor）使臣受 Hor 王之命寻访北方草原到底有多少国王的事。藏族人把北方牧民称为 Hor，历史上这个词的指代随北方草原民族的变化而变化。这份文档在记录拔悉蜜部时提到，当年 Hor

王曾经和拔悉蜜部以及葛逻禄部一并推翻可汗统治，后拔悉蜜王当上可汗，又被 Hor 以及葛逻禄推翻。这里说的无疑是公元 742 年，左羽林将军孙老奴招谕拔悉蜜、回纥、葛逻禄部杀后突厥阿史那骨咄叶护可汗之事，拔悉蜜王被推立为颉跌伊施可汗，后于 744 年被回纥和葛逻禄两部共同杀害。既然已经提到涉事的拔悉蜜和葛逻禄两部，Hor 指的一定就是后来称霸草原的回纥（回鹘）人了。

回鹘人为什么会用藏文撰写报告呢？中古时代藏文曾经在北方草原民族中有巨大的影响力，回鹘人也确实有一些文档使用藏文。考虑到文档出自敦煌，中间一些部落名的拼写很不稳定，还有一些抄写过程中常见的错误，推测文档可能是由在敦煌的回鹘人口述、书吏译写后再经过誊抄生成的。

关于契丹，这份材料记载道：

"འདིའི་བྱང་ཕྱོགས་ལ་ཡ་གི་ཏང་ཞེས་བགྱི་བ་མཆིས་སྟེ། རྒྱལ་པོ་གི་ཏན་གྱི་ཁ་གན་......སྐད་ཀྱང་འ་ཞ་དང་ཕལ་ཆེར་འཐུན།"

"这里北面住着叫 གི་ཏང་（ge tang）的人和 གི་ཏན（ge tan）的可汗王……语言也大体和 འ་ཞ（'a zha）人的接近。"

非常有意思的一点是，所谓 'a zha 人是藏语对吐谷浑人的称呼。吐蕃时代，吐谷浑人在今天的青海和西藏北部游牧，中古时代的记录却明确显示吐谷浑人是属于慕容鲜卑的一个分支。乍一看，这样的分布简直不可思议。正如前文所述，慕容鲜卑位于今天的东北地区，吐谷浑却在今天的青海和西藏北部地区，两地中间隔着约两千公里。但是对北方草原的游牧民族来说事情就讲得通了，毕竟他们远远不像南方的农耕民族那样安土重迁。这样略显奇怪的分布可以归咎于一场发生在慕容鲜卑内部的争端。

两晋之交，慕容鲜卑有一位首领叫慕容廆，他是前燕奠基人慕容皝之父。慕容廆有个庶兄慕容吐谷浑。两人原本关系较好，后来被人挑拨，慕容廆渐渐疏远了慕容吐谷浑。两人所部的人马发生争斗，慕容廆愤而赶走庶兄。于是慕容吐谷浑决意率部西迁。在慕容吐谷浑离开以后，慕容廆一度相当后悔，想要和兄长和好，使之放弃西迁的计划。不过慕容吐谷浑去意已决。最终，慕容吐谷浑的部众迁徙到了水草丰美的青海草原。在这里，他们以吐谷浑为部族名。此后，吐谷浑人一直在青海游牧，直到唐朝时被西南方的吐蕃人吞并同化。

这个故事出自《魏书·吐谷浑传》。今天兰州南部仍然有个叫"阿干"的镇，慕容吐谷浑率部西迁时就经过了这里。阿干的含义史书记载非常明确，就是"兄长"的意思。当年慕容廆还曾经作《阿干歌》追忆兄长，可惜的是歌曲的词曲已经散佚。

这份文档提到契丹人的语言和吐谷浑人的语言很接近，说明两者可能确实都源自鲜卑语。不光如此，契丹语中"契"，藏文选择 ge 来对音，中古汉语选择"契"字来对应翻译，可见契丹语中"契"的元音确实可能并不是纯粹的 i。

中国北方的草原民族的语言经常有个特点，即 k、g 的发音会随着后面元音的不同而产生不同的变体。这在全世界语言中都很常见。因为 k、g 发音位置在口腔后部，如果碰上发音位置比较靠前的元音，如 i，就会出现发音位置前移的现象；反之，如果碰上发音靠后的元音，如 u，发音位置也会后压。英语 key 的 /k/ 发音位置就比 cool 的 /k/ 靠前很多。汉语历史上也有过这样的现象，譬如中古时代"基"和"歌"本是一个声母（今天的粤语仍然读 gei 和 go），然而在大多数北方话里，"基"的声母受到 i 的影响，从明朝晚期开始其发音位置不断向前移动，最终变成了今天普通话的声母 j。一般来说，北方民族的语言 k、g 发音位置受到前元音影响的前移不是特别明显，但是如果搭配后元音，其发音位置就直接向后移到小舌位置了。k 分化成舌根音和小舌音是一个亚洲东部分布范围非常广泛的地理区域特征，甚至中古早期汉语也有可能有类似的现象。尽管起初不过是伴随元音前后的变体，但由于这两种变体发音差别相当明显，因此历史上的突厥文、回鹘文、蒙古文、契丹文和满文往往都把它们表示为不同的字母或字符。用国际音标表示的话，则 k 可以分为靠前的 /k/ 和靠后的小舌音 /q/。契丹语里"契丹"的 k 是靠后的小舌音 /q/，由于小舌部位相对不灵活，用小舌成阻，发出完全的塞音难度较高，发音时容易发生漏气的现象，因此这个位置的音很容易转化成类似汉语拼音 h 的擦音。波斯语里"契丹"的名字正是发生了这样的变化。

与之相应地，在这些 k 的发音位置有前后变化的语言里，/k/ 可以配前元音 i，/q/ 配的就是一个位置靠后的 i，我们可

以写作 ï。这类语言还有一个特点，就是一个词中的元音要具备一定的一致性，如都得是后元音或者前元音。从"契丹"一词的读音看，无论是汉语的"丹"还是西方语言的 tai，第二个音节的元音 a 都是后元音，那么"契丹"就得是一个小舌音配后元音的词 Qïtan。这也是为什么中古汉语能够区分 /it/ 和 /it/ 两个韵母，却在"契丹"的读音上选择了 /it/，而藏文有 i 却选择用 e 对应。至于波斯语，也很难找出合适的对应，所以 e/a 都可以使用，这和波斯语的书写习惯有关，波斯文按照阿拉伯文的习惯，一般不写短元音。波斯语重音在词末，词首的 a/e 既然不需要写出，那么读音发生交替也很常见。

西方人的 Cathay 不以鼻音 -n 结尾则可能和契丹语的语法变化有关。"契丹"一词在一些材料里面写作 ᠊᠊᠊᠊，一般是当作修饰中心语的定语或属格使用，用在诸如"契丹语"这样的组合中。这时"契丹"的读音是 Qïtai，本来契丹语里的 -n 消失不见，增添了 -i。这可能和契丹语名词的语法变化规则有关。不过正如辽道宗哀册显示的那样，根据类似的语法功能也可以写作 Qïtani。此外，名词还有单复数之分。目前看来，"契丹"可能还有个复数形式 Qïtas。这种词尾为 s 的复数形式在蒙古语系的语言中并不罕见，蒙古语也有使用。不过蒙古语中"契丹"一词复数形式的词尾是 -d，这也是蒙古语 -n 结尾的名词变复数最常见的方式。也就是说，蒙古国蒙古语对中国的称呼 Хятад（Xjatad）直接就是"契丹"的复数。

除了作为语法变体的 Qïtai 之外，西方语言的 Cathay 来源也有另一个可能。作为从南北朝时期就已登场的民族，契丹在唐朝时的古突厥文献中也有出现。在石碑上契丹写作 𐰴𐰃𐱃𐰪 (Qïtań)。唐朝的突厥字母是由右向左书写的，这个词以 𐰪 收尾。𐰪 是一个相对特殊的字母，出现频率相对较低。这个字母现今一般转写为 ń，读音介乎 n 和 ng 之间，和法语的 gn 比较接近，听起来有些像 ni。中古汉语也有这个音，后来转化为普通话的 r，江浙地区的吴语则保留了这个中古声母（因此有"上海人"是"上海宁"的谑写）。

这个读音作为单词收尾很容易发生变化。古代突厥语现代的一些亲属语言基本都没有保留这个发音，都会变成其他更加常见的韵尾。譬如绵羊一词，古突厥语就是 qoń，今天维吾尔语、哈萨克语、柯尔克孜语都读 qoy，土耳其语则是 koyun。蒙古语里这个词的形式则是 ᠬᠣᠨᠢ (qoni)。

可以合理地推测，在契丹语的祖先那里，契丹一词的结尾也是 ń，这个韵尾在辽朝的契丹语中已经趋于消失。这个音在汉族人和藏族人听来都是鼻音，后来在契丹语中也变成了 -n，因此汉语用了"丹"来对应，藏文则 tan 和 tang 两种翻译都有。然而在新疆和中亚的语言中，不同的音变促使"契丹"在这些语言里变成了 Qïtay，波斯人又是从中亚人那听到"契丹"一词，最终形成了"契丹"在亚欧大陆东半部和西半部的不同形式。

宋辽对峙时期，新疆和中亚说突厥语系语言的居民渐渐有了把中国北方称作 Qïtay 的习惯。如麻赫默德·喀什噶里在《突厥语大词典》中说：Ṣin 本分三块，上分位于东为桃花石,中分为契丹,下分为巴尔罕,在喀什噶尔。不过整体而言,此时中亚居民对 Qïtay 的认识非常模糊,甚至都弄不清楚 Qïtay 在什么地方,和 Chin 究竟是什么关系。

历史吊诡的是,中亚人对契丹了解加深之时,恰恰是中国北方的辽朝政权已然倾覆之际。

对于大部分中国人来说,历史书上的辽朝终结于 1125 年。这一年 3 月 26 日,辽朝末帝天祚帝在应州(今山西应县)被女真人俘虏,这个曾经兴盛一时的北族王朝最终在女真人的冲击下分崩离析。但是实际上,辽朝并没有真的完全灭亡。辽朝重臣、宗室成员耶律大石率领契丹人西迁,建立了西辽。耶律大石本想以蒙古高原和新疆为基地图谋复国,但是 1130 年在金朝压迫下放弃蒙古高原。1132 年,耶律大石在今新疆额敏称帝,国号仍为大辽。1134 年耶律大石征讨金朝受挫,因此决定放弃恢复辽朝故土的企图,转而专心在中亚扩张。

西辽遇到的第一个对手是西喀喇汗国可汗马黑木。马黑木不敌契丹人,因此向自己的舅舅——中西亚霸主塞尔柱帝国桑贾尔苏丹求助。桑贾尔此时还在和花剌子模作战,并未对马黑木施以援手。国势蒸蒸日上的西辽最终还是让桑贾尔感受到了威胁。1141 年,马黑木在与葛逻禄部发生冲突后再次求助,桑贾尔终于决定纠集大军攻打西辽。

塞尔柱帝国本来是出身中亚的乌古斯部落的一支,但随着帝国对西方的征伐屡屡得胜,其领土从中亚地区一直延伸到安纳托利亚爱琴海沿岸,帝国的中心早已向西转移。随着领土的过大扩张,作为中亚和西亚名副其实的第一大国、诸多小国部落附庸的对象，此时的塞尔柱帝国在大苏丹下还有小苏丹（类似总督的官职）。桑贾尔在还是王子时曾经分封到塞尔柱帝国的东部，后来他以东部为根据地，直到当上大苏丹后以今土库曼斯坦马雷（古称木鹿）为都城。桑贾尔进入中亚河中地区之后，葛逻禄部向耶律大石求助。耶律大石去信桑贾尔为葛逻禄部说情。桑贾尔当然不予理会，反而要求耶律大石皈依伊斯兰教。这次书信交锋中出现了一个非常有趣的细节。桑贾尔在信中宣称自己的军队能用箭截断敌人的须发。耶律大石听到之后下令拔下信使的一撮胡须并让他用针截断，信使不能做到。耶律大石反问，针不能截断须发，箭又如何做到。

塞尔柱帝国此次可算是倾巢出动，号称十万大军。不过其中不少士兵是从各附庸国临时征召来的，这也为战争埋下了隐患。双方在撒马尔罕以北的卡特万草原对峙。1141年9月9日，决战打响。耶律大石正确判断了对方军队规模过大，指挥困难，容易首尾不能相顾，最终指挥西辽军击溃了塞尔柱联军。

在卡特万战役中，塞尔柱联军死伤极其惨重，甚至有说十万人战死的。本来的中西亚霸主桑贾尔在这次战役中尝到了人生中的首次败绩，他妻子被俘，他和只剩15人的亲信部队将将逃出战场，元气大伤，威信扫地。桑贾尔为了这场战争包括战后赎回战俘的赎金一共花了400万第纳尔。至此塞尔柱帝国丧失了锡尔河以东的所有领土和在中亚各部落的影响力。桑贾尔随后又于1153年在塞尔柱部落内战中被俘，1156年逃出后于次年在木鹿去世，塞尔柱帝国在东方的统治彻底崩溃。此战过后，后来以西亚为中心的诸多帝国再无能够控制中亚地区的。哪怕强如奥斯曼土耳其帝国，其东部边界也顶多只到今天伊朗境内。

对这场决定了中亚命运的大战，《辽史》有相对简略的记载：

> 至寻思干，西域诸国举兵十万，号忽儿珊，来拒战。两军相望二里许。谕将士曰："彼军虽多而无谋，攻之，则首尾不救，我师必胜。"遣六院司大王萧斡里剌、招讨副使耶律松山等将兵二千五百攻其右，枢密副使萧剌阿不、招讨使耶律术薛等将兵二千五百攻其左，自以众攻其中。三军俱进，忽儿珊大败，僵尸数十里。驻军寻思干凡九十日，回回国王来降，贡方物。

所谓忽儿珊就是波斯语 خراسان（Khorāsān/呼罗珊），是波斯人对于东方的称呼。桑贾尔本来是东部呼罗珊地区的苏丹，因此直接就用地名代指了。卡特万之战对后来的中国历史影响相对有限，却是中西亚甚至欧洲的一桩大事。可能是实在想不通为什么以能征善战闻名的桑贾尔的十万大军居然会败给西辽，阿拉伯史料中记载西辽拥有三十万大军，对桑贾尔形成了数量上的碾压。但是根据《辽史》记载，显然卡特万战役是一次以少胜多之战。此战之后，耶律大石可说扬名立万了。

辽朝一直实行非常有特色的南北枢密院制度。由于辽朝幅员广大，民族众多，不同民族生活习惯相差很大，因此辽朝设置南枢密院管辖汉族和各州郡县事务，北枢密院管辖契丹人在内的游牧民族。西迁之后的西辽继续采取因俗而治的策略（中亚各民族依照本地习俗治理），由于经过数百年的混居，契丹人和汉人的文化相对接近，西辽时继续使用汉语为官方语言，铸造的钱币上都有汉文。因此在西辽的百年统治后，中亚和西亚的居民已经分不清契丹人和汉人的区别，直接把西辽人称为"契丹"。由于西辽和辽朝的承继关系，这下中亚地区就更以"契丹"指代中国了。

当然，辽朝自己是分得清汉人和契丹人的。宋辽对峙时期，契丹人对"中国"，或者更准确地说，对长期与辽朝并存的宋朝有着自己独特的称呼——Jauqu。这个略显奇怪的称呼的来源至今不明，有可能是"中国"的某种方言读音。也有说 Jau 可能是宋朝皇帝的姓氏赵，Jauqu 就是赵国的意思。更大的可能是，这个词本出自"赵官"，蒙古语系的语言中有一部分词的词尾的 -n 不稳定，只在有些场合才出现，Jauqu 可能就是这样的一个词。在辽朝时，这个称呼基本上只用来称呼宋朝的南方人。但是可能连契丹人自己也没想到的是，随着时代推移，Jauqu 居然也被用来指契丹人。元朝蒙古人就使用过这个名称，华北地区汉人、契丹人、女真人都被称为 Jauqut。蒙古人甚至还把这个名字传到了波斯。拉施特的《史集》就提到：蒙古人称"中国"（原文实为"契丹"）为 جاوقوت（Jauqut）；汉语称北方人则用 خانزی（Khanzi），即"汉子"；至于称呼原南宋地区的南方人，则用 منزی（Manzi），当然就是"蛮子"了。

元朝蒙古人不只是把契丹人称为 Jauqut，还把他们称为 Qitad。早期的蒙古文献就有用 Qitad 表示金朝或女真人的情况，而蒙古语用 Qitad 来指代汉人则要晚许多，文献记录最早出现在 1338 年（实际上这个用法可能出现得要早得多），此时已经到了元朝末年。明朝《华夷译语》中对蒙古语 Qïta 的注音为"乞塔"，释义为"汉人"。可见"契丹"本来的 -n 很有可能并不是词根的一部分，这就解释了契丹文的 癶 为什么是表示 Qïta，因为 Qïta 才是这个词的词根。早在 1221 年，拉丁语文献中就已经出现了 Chata 的写法，文献来源于当时在今天以色列阿卡担任主教的法国人雅克·德维特里（Jacques de Vitry）于 1221 年 4 月 18 日向西方发去的信件。此时的阿卡是十字军第三次东征后重建的耶路撒冷王国的首都。十字军正在进行第五次东征，德维特里正随军攻打埃及。关于东方出现了新的征服者的传闻正在伊斯兰世界疯狂传播。德维特里声称他从安条克公爵博希蒙德五世那里获取了间谍送来的阿拉伯语报告并翻译为拉丁语。

1219 年，蒙古人在灭西辽后西征花剌子模，1220 年花剌子模国都撒马尔罕沦陷，同年蒙古骑兵在伊朗横冲直撞。1221 年在东方的欧洲人隐隐约约听说了蒙古人和花剌子模人的大战。曾经不可一世的花剌子模国就这样灰飞烟灭，欧洲人觉得成吉思汗就是基督教传说中的大卫王。德维特里的信件中提到，"Tunc erant treuge inter regem Chatha et Chavarsmisan"（那时 Chatha 王和花剌子模之间有纠纷）。从和花剌子模有直接矛盾来看，这里的 Chatha 指的应该是西辽。顺便一提，参加第五次十字军的欧洲人听说了这个消息以后欣喜若狂并冒进地做出了攻打开罗的决定。最终埃及军队和尼罗河水让十字军损失惨重，彻底失败。1248 年的信件中，写作 Chata/Chatha 的词已经用来指代中国北方。此外，带 -n 的形式也并非完全见不到，如拉施特的《史集》中就记录过 خدان（Khidan）的形式，并且明言这是契丹语（汉语）中对"喀喇契丹"人的称呼。

喀喇契丹是西辽立国后，中亚人对西辽的称呼，字面上是"黑契丹"的意思。我们并不知道喀喇契丹如何得名，可能这是契丹人自己对辽朝的称呼，辽朝以水为德运，也确实应以黑为正色。中国史料偶尔也把西辽称作"黑契丹"，但是这些"黑契丹"的说法出自明朝的史料，时代较晚，可能是从蒙古语回传的结果。

颇为有意思的是，卡特万大战很可能在西方孵化出了祭司王约翰的传说。当时突厥人步步紧逼，东罗马帝国根本无法阻挡不断涌入的突厥部落。卡特万之战发生时，正是中东战事穆斯林占据优势的阶段，埃德萨伯国于 1144 年被攻占，耶路撒冷王国岌岌可危，为此教廷号召欧洲人进行第二次十字军东征。很快，基督教世界就有了这样的传说：在遥远的东方，有一位公正的基督教国王祭司王约翰，统领着一个在异教徒国家包围中的基督教王国。

可能让期盼与祭司王约翰结盟的西方人意想不到的是，耶律大石自始至终都是个佛教徒。

通往 Șinistan 之路

代表中国的古碑

　　1625 年，初春的关中平原，正是草长莺飞的时节。此时麦子早已返青，但离麦收还有一段时间，关中的农民们迎来了难得的闲暇时光。

　　西安府西郊某个庄户人家选择了一块村边的空地作为新房的基址——这可能是因为村子人口繁衍，原有的宅地已经不敷使用，因此需要向外扩张。他请来左邻右舍一起帮忙建房，几位农民在造房挖地基时，铁锹"砰"的一声碰到了一个坚硬的物体。简单清理之后，他们发现这个物体竟然是一通体量庞大的石碑。

　　这通石碑最惹人注目的特点就是保存状态极佳。许多古碑随着风吹日晒，碑上字迹会漫漶不清，原本精美的花纹会变得模糊。但是这块刚从地里刨出来的石碑简直像是去年才埋下去的那样崭新。

　　随后几人迅速把发现石碑的消息报告给了县官。发现古碑可算得上是大事，碑文显示这是一通唐碑。县官赶紧把消息送达西安，请西安知府来定夺唐碑该如何处置。

　　送信的小吏紧赶慢赶，终于在天黑时抵达了西安府衙。

然而府衙此时却沉浸在一派悲戚的气氛中，不时传出妇人的啜泣声。小吏连忙询问发生了什么事。府衙的官吏告诉刚从县里赶来还未来得及歇息的小吏说：你来得真不是时候，此时知府正准备为他最疼爱的小儿子操办丧事，恐怕没有精力和心情处理其他事务。

时任西安知府名叫邹嘉生，是江苏武进人。他于万历四十四年（1616年）丙辰科考中进士，开始自己的官宦生涯。邹嘉生的生卒年都已经不可考，如果他考中进士时年龄接近进士高中的平均年龄32岁，那么此时邹知府大概是年届不惑。

虽然邹嘉生是南方人，但他在西安的声望也相当不错。据说他有一些能和天地交流的本领。在前一年夏天关中大旱时，邹嘉生诚心斋戒祝祷仅仅一天后就天降大雨，浇灌了干涸已久的关中大地。邹嘉生却乐于把感动上天的功绩归于他最小的儿子。

西安府大大小小的官吏和城里与邹知府过从较密的各位显贵都知道，邹嘉生有个聪慧过人的幼子，名为邹化生。以明朝一般的婚育年龄计，邹化生可以算邹嘉生的老来子了，本就容易获得父亲的宠爱，偏偏他又有着与年龄不相符的早慧。这个知府大人最疼爱的小公子天庭饱满，聪颖过人，刚学会走路就能合掌礼拜，从此成日礼佛。在挖出唐碑的当天，尚是幼童的邹化生莫名其妙地微笑着无疾而终，可能应了早慧易折的古话，让他的老父亲伤心不已。（实际上景教碑出土有两种说法，一种是在农民建房时挖出，另一种是邹嘉生葬子时挖出。此处稍做加工。)

小吏有些踌躇,到底应不应该在邹知府痛失爱子时打扰他,向他汇报西郊发现唐碑的事。正犹豫间,邹嘉生却看见了小吏。此时天色已晚,这个时间报信说明一定是要事。邹嘉生尽管仍然沉浸于爱子死亡的哀痛之中,他还是询问了小吏发生了什么。

让小吏意想不到的是,本来面容悲戚的邹知府听闻唐碑的事后竟然露出了宽慰的神情。在邹嘉生看来,幼子邹化生自幼便有佛缘,这块唐碑于幼子去世当日骤然出现不会是巧合,这无疑是聪慧的幼子已经功德圆满,转世入极乐世界的标志。这个祥瑞之兆一定程度上抚慰了邹嘉生失子之痛。

唐碑阻碍了村民建房,必须将其移走,但任其暴露在西郊的小村自然不妥当。邹嘉生认为,既然是唐朝释家之物,那么自然应该移置西安城周围的佛寺妥善保管。

在知府邹嘉生的拍板下,巨大的石碑被送到了西安城外的金胜寺(亦称崇仁寺)。邹嘉生还下令拨付款项修了座碑亭,让珍贵的唐碑免受日晒雨淋之苦。随着石碑从偏远的农村转移到西北地区最重要的文化中心西安附近,整个西安的文人闻讯纷至沓来,一时本来香火并不算旺的金胜寺变得熙来攘往。知府邹嘉生看到这块石碑吸引了这么多的文人墨客,恍惚间觉得这似乎是他为早夭的幼子祈福的最佳方式。

此时一些闻讯而来的文人墨客注意到,虽然这块石碑立碑的时间非常确定——落款里写明了是大唐建中二年(781年)所立,是块不折不扣的唐碑,但这块石碑和一般的唐朝石碑有一些不一样:在洋洋洒洒的汉字碑文之下还有一些奇奇怪怪的歪七扭八的笔画,而在碑头上,精雕细琢的莲花座上竟然是一个十字架,下方有"大秦景教流行中国碑"九个大字。非但如此,汉字碑文也堪称晦涩古怪,里面提到了大量奇怪的名词,像"三一妙身无元真主阿罗诃""弥施诃"等等,很难理解。再加上知府幼子去世的事,给这块古碑添加了几分神秘的色彩。

碑中所描述的"景教"到底是什么?当时热衷访碑怀古

景教碑

的各路人士无一知晓。无论唐朝的景教曾经多么流行，到了明朝都处于湮没无闻的状态，包括邹嘉生在内的一众官员、士绅也不知道景教到底是一种什么教。不过对于以知府为首的士绅来说，这并不重要。唐碑到了明代仍然几乎崭新，简直是金石学上的奇迹。景教大概无非就是唐时流行的佛教的一种，哪怕这块石碑显得相当不一般，唐碑现世也必然是吉兆。

挖出古碑的事情很快在更大范围内传开，来自更远地方的文人都纷纷前去考察景教碑。他们中的一些人还在碑上拓印，将拓片寄给远方的文友共同研究。大多数此时听闻消息来到碑前的文人都对景教是什么教没有什么头绪。不过在闻风而至的人里有一个陕西岐阳人，叫张赓虞。张赓虞看到石碑之后，想起他当年曾经在北京见过的一个叫利玛窦（Matteo Ricci）的外国人。

张赓虞隐约记得，当时利玛窦所传的所谓圣教也用十字架作为法器，并且也有所谓"三一"之说。直觉告诉他，碑上的十字架和碑文中所谓"景教"可能与利玛窦当年所传的宗教有关。张赓虞记得，利玛窦曾经成功让他的朋友李之藻皈依了这种海外宗教，因此他将拓片寄给了李之藻，并在信件中询问这个没人听说过的"景教"是"利氏西泰（利玛窦字西泰）所传圣教乎"。

李之藻是耶稣会早期在华传教时皈依的最重要的华人教徒之一，与徐光启和杨廷筠合称"圣教三柱石"。此时李之藻正在家乡杭州赋闲。他敏锐地意识到这块石碑的来头不简单，

景教碑碑文拓片

而且非常有可能和自己所信仰的天主教（此时中国的基督教只有天主教一派）有关。李之藻也没有听说过景教，但是通过研读碑文，他推断虽然这个教的名字不同，但是可能和耶稣会所传的天主教实际上是一种宗教。作为中国人和基督徒，李之藻认为这通石碑足以证明基督教早在唐朝时就已经传入中国，历史悠久，而并非到了明朝才由西洋传教士传入中国。

李之藻迅速刊印了《读景教碑书后》，兴奋地说："今而后，中土弗得咎圣教来何暮矣。"李之藻作为耶稣会发展的重要教徒，和西洋传教士多有接触。毫无意外，这篇文章在传教士中迅速掀起轩然大波。《读景教碑书后》于1625年6月12日刊印，仅仅两个多月后的8月23日，葡萄牙传教士阳玛诺（Emmanuel Diaz）就在澳门撰写了关于景教碑的简介。以当时的交通条件，这个速度简直不可思议。两年后，"三柱石"的另外一位，著名的明朝晚期中国天主教徒徐光启也刊布了景教碑碑文并附以注释。

新旧之争

此时欧洲的基督教正在发生激烈的正统之争，各类新教和天主教都在试图拉拢信徒。分属不同教派的欧洲人为了能和这些失散的教友取得联系可谓煞费苦心。如北欧的维京人在历史上曾经在格陵兰岛建立过殖民地，后来这个殖民地与北欧本土失联，长久以来无人关心这群早期的维京殖民者是死是活。但是北欧国家纷纷皈依新教之后，竟然想起来之前还有这么一群可能仍然还在信奉天主教的失联的同胞。1721年丹麦-挪威路德宗传教士汉斯·埃格德（Hans Egede）率领探险队抵达格陵兰，寻找失联的北欧人。此次考察活动在格陵兰没找到任何欧裔人口，不过却让丹麦对格陵兰开始主张主权。

而对罗马教廷辖下的耶稣会来说，他们的目光则投向了《马可·波罗游记》里的"Cathay"。在《马可·波罗游记》里面多次提到Cathay国有基督徒的存在，基督教尤其在国都汗八里（今北京）颇为盛行。然而尽管此时距《马可·波罗游记》成书不过三百余年时间，这几百年的时光已经让欧洲人对马可·波罗描写的Cathay国到底是什么地方遗忘得七七八八，甚至关于Cathay和中国到底是不是一个国度也曾经出现过争议。

作为最重要的，甚至是很多人唯一的参考材料，《马可·波罗游记》的描述里，Mangi和Cathay简直就像两个国家。这倒也不怪马可·波罗，宋辽和宋金对峙是中国历史上南北分治最久的时段之一，南方人和北方人语言、风俗、习惯甚至认同差别都相对较大。蒙古征服金朝和征服南宋前后相隔40多年，南宋国祚远远长于金朝，也因此Mangi和Cathay在《马可·波罗游记》里基本是分开描述的。拉施特的《史集》也区分了契丹（汉子）和蛮子，契丹的南界是"喀喇木仑"（这是音译了蒙古语，直译是黑河，实际指黄河）。从这条界线看，显然这里的"契丹"南界并非北宋和辽的边界，而更接近南宋与金的边界。

马可·波罗本人来过中国，自然知道这两处其实只是中国的南北方而已，但是后来的西方人长期只靠《马可·波罗游记》了解中国，因此他们很长时间都以为 Mangi 和 Cathay 是两个国家，甚至明朝来华的传教士还在想自己到的到底是 Mangi 还是 Cathay。这不能全怪欧洲人学问不精。马可·波罗本人不会汉语，基本上只要中国的地名有波斯语名，他就会采用波斯语名。这些波斯语名到了明朝已经退出了日常用语，哪怕是中国人也未必猜得出到底指的是哪里。试问，又有谁会想到 Zaitun 是泉州、Carachoço 是吐鲁番、Cambaluc 是北京呢？

就算地名来源于汉语，马可·波罗的记录许多也是早已废止的古名（只有熟读历史的人才能猜出 Quinsay 是杭州，这个名字来自南宋故称"行在"），又可能经过了蒙古语或波斯语的转手。再加上不同抄本积累的传抄讹误，威尼斯人的 Cathay 国已经像是某个不存在于真实世界的国度了。

明朝末期来华的天主教耶稣会传教士利玛窦早年一度以为 Cathay 是在长城以北的国度，后来转而认为他所到的大明就是马可·波罗所谓的 Cathay 国，可惜的是他的同僚并不认同他的观点。利玛窦后来更是费尽心力试图在中国找到基督教留下的遗迹。这并不是一个轻松的活计，《马可·波罗游记》里汗八里繁盛的基督教社区此时已经完全消亡，仿佛从来就不曾存在过。利玛窦找到的另一些线索则基本限于道听途说，譬如 1605 年一个来自河南的犹太人对利玛窦说开封有祖先来自外国的一些居民在饮食前会画十字，还有一口上面刻了希腊文的钟。兴奋的利玛窦立刻派人前去寻访，结果无功而返。随后的调查证明，这口钟应该是近期从西方流入中国的进口货，和中国古代的基督教毫无关联。

而要问为什么西方人对 Cathay 国的基督徒有了兴趣，那得提到祭司王约翰了。此时欧洲正流传着他的传说：祭司王约翰宽厚仁慈，他在遥远的东方统治着一片充满奇珍异宝的土地，是基督徒的守卫者。以今天的观点看，祭司王约翰纯属神话传说，或者可能是西辽开国君主耶律大石生平事迹的"魔改"版本。但是当时的欧洲人对他的存在深信不疑，甚至在 12 世纪的欧洲还有祭司王约翰撰写的信件流传。这个祭司王约翰到底是何方人士无人知道，一开始欧洲人倾向于他住在印度。而当蒙古人西征之后，欧洲人发现一些蒙古部落是信仰基督教的，又有人认为祭司王约翰是在中亚。欧洲人甚至一度认为蒙古西征正是祭司王约翰派军来对付异教徒，因此法国和东罗马帝国都曾经与蒙古人军事结盟。1602 年，耶稣会决定派遣鄂本笃（Bento de Góis）从印度阿格拉由陆路前往北京弄清楚 Cathay 国、中国和祭司王约翰的国家三者到底是什么关系。在穿越阿富汗、中亚与新疆后，鄂本笃终于得出最终结论，尽管当时的中国并无基督徒，但是马可·波罗说的 Cathay 国就是中国，祭司王约翰的国度则是子虚乌有，至少不在东亚地区。

相比花了大半辈子找寻中国早期基督教痕迹却一无所获的利玛窦，阳玛诺无疑被幸运女神所眷顾。1616 年，南京发生了中国历史上第一起教案——南京教案。南京教案由南京礼部侍郎沈㴶发起，他上书说传教士破坏法统，修改历法，甚至和白莲教有染，图谋不轨。徐光启上疏为天主教辩护，暂时让事情不了了之。然而随后沈㴶一再上奏，终于朝廷下令"禁教"，勒令驱逐传教士。此时利玛窦已经去世，在中国传教期间，利玛窦和明朝上层人物一直保持了良好的关系，并且他擅长以一个中国文人的面目示人，甚至被称为泰西儒士。利玛窦在教义方面也经常有一些妥协和便宜行事之举，譬如他允许中国教徒祭天、祭祖和祭孔，大大减少了天主教教义与中国社会传统习惯可能存在的冲突。利玛窦去世后，耶稣会传教士显然缺了点儿利玛窦八面玲珑的手段。南京教案后，传教士们都撤回澳门暂避风头，阳玛诺正是其中一位。这次教案持续了三年的时间，1621年沈㴶被撤职，天主教恢复了活动。阳玛诺在1621年才获准从澳门北上回到北京继续主持教务。景教碑出现的时机再好不过了，阳玛诺此时正为中国的教务感到焦头烂额。他非常敏锐地意识到，假如基督教确实在唐朝就已经传入中国，那么所谓"破坏法统"之类的指责自然就会显得苍白无力。

这期间，阳玛诺主要在江浙地区活动。1626年3月1日，阳玛诺在从嘉定给教廷写的年度汇报中再次详细通报了景教碑。在这份报告中，阳玛诺认为景教碑是非常重大的发现，但是碑文有一些模糊难懂之处，解读尚需要下一定功夫。景教在报告中被翻译为 doctrine claire（法语：清晰教条），大秦则被认为可能是罗马帝国的犹太行省，也即耶稣的诞生地。阳玛诺报告中的初步判断颇准，他也翻译了景教碑的部分碑文——这是景教碑碑文首次被翻译成西方语言。

翻译时，这个经历了南京教案的传教士首先翻译的内容是唐朝皇帝赞许阿罗本（Olopuen）并允许他在中国传教的部分。阳玛诺必然是想援引唐朝的先例为当下耶稣会的活动创造便利。阳玛诺不满足于光道听途说了，甚至在知晓景教碑被发现后、这篇报告出炉之前，他就已经迅速派遣了一位汉学造诣颇为深厚的比利时传教士金尼阁（Nicolas Trigault）前去西安调查。

阳玛诺认为由张赓虞和李之藻传递的关于景教碑的二手材料一定会遗漏一些具体细节，还是得由耶稣会派人亲临现场才算妥当。事实证明，耶稣会选择了一个非常合适的人。在此时的耶稣会传教士中，金尼阁的中文水平数一数二，他后来撰写了历史上第一部采用拉丁字母注音汉字的字典《西儒耳目资》，也将"五经"翻译成了拉丁语。阳玛诺的中文能力比起金尼阁可算是小巫见大巫了。

金尼阁去陕西面临一个问题，此时他大病初愈，身体还不太好。但是听说了这个任务后，金尼阁完全不顾身体就连忙赶赴陕西，于1625年10月抵达西安。此时距离石碑出土不过几个月时间，离耶稣会听说了景教碑更是只有4个月。这时在北京皈依天主教的泾阳人王徵正因为母亲去世而服丧在家，他陪同金尼阁一道去考察了景教碑。金尼阁将碑文的中文部分完整地翻译成了拉丁文，至于奇奇怪怪的符号，金尼阁自己也看不懂。无论如何，作为第一个目睹景教碑的西方人，金尼阁最终做了精辟的总结：从这块碑可以得知，早在古代，基督之法就已经传入了中国。至于其他的，对此时的耶稣会来说，都不是那么重要了。

从实用目的来说，耶稣会传教士们早已经发现中国人是个极端尊崇历史和传统的民族。在传教过程中他们发现，中国人虽然经常对传教士带来的新思想与科技表示感谢，但是会质问为什么这种宗教在古代没有传入中国。景教碑的出现不但让李之藻之类的华人教徒颇感自豪，也让耶稣会觉得抓到了传教的法门。总体而言，耶稣会的传教走的是上层精英路线，通过与各类官员士绅甚至皇帝打交道来从上到下传教。耶稣会的传教活动并不总是受到中国人的欢迎，在华传教士时常被驱赶离境，景教碑的出现证明了基督教在中国早已有之，正可用来说服对耶稣会持负面态度的官员。因此，耶稣会传教士们对景教碑的兴奋程度远远超过中国人。这几乎像是他们的上帝精心安排的。在耶稣会传教士入华活动仅几十年后，深藏地底八百年、证明基督教早在近千年之前就早已传入中国并且受到唐朝皇帝礼遇的石碑奇迹般从陕西的地底冒了出来，世上还有什么比这更像是上帝的神迹呢？耶稣会的传教士大概过于兴奋，以至他们都对一个重要问题有意无意地视而不见——景教和天主教到底是什么关系？

景教碑的热度持续了一阵后逐渐散去，本来人来人往的金胜寺重新回归了平静。尽管这是一块珍贵的唐碑，但是在碑刻遍地的关中地区，唐碑实在算不得多么稀奇。景教碑撰文和书丹也并非出自唐时的书法名家，从艺术的角度来说，它在诸多唐碑中也算不得出类拔萃的那类。短暂的轰动之后，上至邹知府，下到关中地区的普通百姓，很快把这块石碑抛到了脑后。

此时中国人还不知道，这块静静矗立在金胜寺里的大石碑已经在欧洲引起了滔天巨浪。跟许多中国人稀里糊涂地觉得这块石碑是佛教石碑一样，欧洲人完全沉浸于在中国发现基督教遗迹的喜悦中，多数接触景教碑的传教士和他们的欧洲同僚自然而然地认为这个大秦景教必然是天主教了。

清醒者曾德昭

不过，当年还有一个对景教碑了解最深的清醒者——曾德昭。曾德昭出生于葡萄牙，本名 Álvaro de Semedo，早期曾取名谢务禄。1610 年谢务禄抵达澳门，1613 年他被派到南京传教。然而谢务禄的运气不大好，短短几年后，就遭遇了南京教案。谢务禄被逮捕入狱，后来被遣返回澳门。排基督教的浪潮过去之后，谢务禄改头换面，以曾德昭之名再次进入中国内地。

此时耶稣会开始极度热衷于寻找基督教曾经在中国存在的证据以为自身传教辩护。

1628 年，曾德昭北上陕西亲自寻访景教碑。如果说金尼阁是第一个目睹景教碑的西方人，曾德昭很可能就是第二个。

尽管金尼阁当年考察景教碑是由于阳玛诺觉得中国人提供的信息可能会遗漏一些重要细节，但是金尼阁的考察本质上不过是简单重复了李之藻的发现，并没有提供更多有价值的新信息。曾德昭的这次考察则不然。与金尼阁不一样的是，曾德昭似乎对景教碑有种强烈而深入骨髓的热爱。在1628年考察景教碑期间，曾德昭几乎无法想任何其他事情，他把全部的精力都花在了景教碑上。他不断在碑前观察、识读、沉思，一有空就思索关于景教碑的方方面面。作为耶稣会传教士，曾德昭感到了前所未有的动力和欣悦，或者用他自己的话说，感到了"灵喜（1655年曾德昭报告的英译版中写为spirituall jubilee）"。在曾德昭看来，景教碑和唐朝景教的存在，说明耶稣会传教士完全有潜力把中国从"黑暗"的现实拉到"文明"的基督教世界，耶稣会的传教事业前景是光明的。景教碑保存之完好、字迹之清晰，更是让他激动万分。

然而在感到灵喜的同时，曾德昭或许也私下隐藏着一个惊天大秘密。

曾德昭对景教碑的描述非常详细。在景教碑的来源问题上，他提到景教碑是在Siganfù附近出土，Siganfù是Xemsi省的省会。这个Siganfù毫无疑问就是"西安府"，当时的西安话大概和现在一样，把"安"读成ngan，因此才会出现这样的写法。可能是由于曾德昭长期在华南地区活动，口音相对更加保守一些，所以他记录的"陕"还是-m结尾的，这与今天的广东话和闽南话差不多。曾德昭对景教碑的细节描述更加精确：他形容景教碑的碑头是"金字塔形"，"金字塔"正面有个非常明显的十字架，十字架末端是花形装饰。曾德昭还说，这个十字架似乎在风格上沿袭了一个据说发现于耶稣十二使徒之一圣多马的石墓上的十字架的风格。

景教碑碑头

景教碑碑头上刻的十字架

根据基督教的传统说法，圣多马在公元 52 年前往印度传播福音，后与印度当地人发生冲突，于 72 年在印度南部位于金奈附近的麦拉坡（曾德昭记为 Meliapor）遇害，并在当地下葬。232 年使徒圣多马的大部分遗骸被某个印度国王送到了埃德萨（叙利亚语基督徒的中心），13 世纪初年又被移动到了爱琴海上的希俄斯岛。1258 年，来自意大利奥托纳的将军率兵洗劫了希俄斯岛，在教堂祈祷时据说看到了神迹，因此将军决定偷走遗骸，将大部分遗骸迁移到了奥托纳。不过使徒圣多马仍有一部分遗骸留在了麦拉坡，马可·波罗从中国返回欧洲时就曾在麦拉坡朝圣。

圣多马墓十字架的一大鲜明特点是，每一端都有三个骨朵状凸起。景教碑的十字架也是如此。耶稣会曾经专门派人前往麦拉坡寻访使徒圣多马的坟墓并加以修缮。曾德昭来华前曾经在印度果阿传教，果阿和麦拉坡同样位于南印度，因此曾德昭可能从去过麦拉坡的同僚那边了解到使徒圣多马坟墓的情况，甚至或许他自己去过麦拉坡。早在耶稣会的传教士抵达印度之前，当地就有基督徒群体。这些基督徒在宗教书籍和仪式中采用一种特殊的语言文字，这种文字或许曾经给曾德昭留下了一定的印象。

景教碑底部的"外国字母"，中国人当然看不懂，之前来考察的金尼阁也并未做出判断。曾德昭本人对古代基督教语言较为熟悉，对希腊语和希伯来语有一定了解，但是他很快发现这些字母并非早期基督教常用的这两种文字。他推测这些神秘文字应该和它们上方的中文人名相对应，而这些人很可能是外国人或者具有外国血统。此时他灵光一现,这种文字似乎和他在南印度见过的文字有点儿像,会不会是同一种?

曾德昭仔细誊抄了这种神秘的文字。数年后,在他返回欧洲的途中,他在南印度格朗格努尔请教了当地精通东方文字的耶稣会传教士费尔南德斯(António Fernandes),对方正确判断出石碑上的"外国文字"就是南印度基督徒使用的文字——叙利亚文。

景教碑中明确写到,景教遵奉的神是"三一妙身无元真主阿罗诃",这里面"三一妙身无元真主"显然是汉语意译,翻译的风格大概还参考了佛教,因此这个神的实际名字就是"阿罗诃"。我们可以用现代的语言学研究唐朝时的发音,譬如今天普通话读 e/uo 的字的韵母大多是 a,佛教所说的"阿修罗"梵语中的本音是 Asura,可以推测唐朝时"阿罗诃"发音差不多是 alaha。明朝时的传教士自然没有我们今天对古代汉语的语音了解得那么透彻,他们对"阿罗诃"的读音一般直接转写为 oloho,基本符合这三个字在明朝官话里的读音。

问题是,无论是 alaha 还是 oloho,从早期基督教传入罗马帝国开始,欧洲的绝大部分基督教就从来没用过类似的词来称呼基督教里的上帝。在今天的欧洲各种语言中,只有地中海马耳他岛的马耳他语把上帝称为 Alla。但是马耳他语在欧洲的诸多语言中极为特殊,它与欧洲大陆乃至地中海其他岛屿的语言并无亲属关系,而是由古代的阿拉伯语发展而来。

这跟马耳他岛独特的历史有关。马耳他岛上古代的原住民在 870 年被阿拉伯人征服后近乎消失殆尽，今天马耳他岛上的居民许多是后来由同样被阿拉伯人征服的西西里岛以及亚平宁半岛南端迁居而来的阿拉伯人的后裔。这些人使得马耳他改说了阿拉伯语。虽然后来马耳他岛又被来自西北欧的诺曼人征服，重新回到了基督教世界，也迎来了许多欧洲大陆的移民，但是这并没有改变马耳他的语言环境。

马耳他人用 Alla 表示上帝并不奇怪，因为阿拉伯语里就用 الله（Allah）表示上帝。由于阿拉伯人多信仰伊斯兰教，因此人们往往把 Allah（安拉）与伊斯兰教的真主联系在一起，但其实阿拉伯基督徒称呼基督教的上帝同样使用 Allah。阿拉伯语属于亚非语系，这个语系主要分布在亚洲中部和非洲东部、北部。这个语系的许多语言中表示神的词都和 Allah 差不多，譬如犹太人所使用的希伯来语同样会把犹太教的上帝叫作 אלוה（elóah）。而 alaha 则跟另一种亚非语系语言——叙利亚语里的 ܐܠܗܐ（'alāhā）相似得有些过分了。

所谓叙利亚语，其实就是阿拉姆语。在被阿拉伯征服之前，阿拉姆语算是近东地区流传最广的通用语。阿拉姆人本来分布在今天的叙利亚中南部到幼发拉底河上游一带。这片区域在历史上被称作亚兰（Aram）地区，阿拉姆人也正是得名于此。

但是把阿拉姆语推上近东通用语位置的不是阿拉姆人，而是亚述人。上古时期亚述人的原乡在亚兰地区东面，位于底格里斯河东岸。公元前 14 世纪开始，本来处于美索不达米亚较为偏僻的边角地区的亚述人时来运转，开始扩张。此后经过几百年的起起落落，亚述人终于建立起盛极一时的亚述帝国，领土囊括近东大部分地区。

　　亚述人本来说一种阿卡德语方言。虽然建立起幅员辽阔的帝国，但是亚述人对推广阿卡德语并无太多兴趣。与此同时，大量的阿拉姆人或是由于帝国扩张被动加入亚述帝国，或是主动移居亚述帝国。由于近东地区的语言大多属于亚非语系，彼此之间比较接近，互相学习也很容易，阿拉姆人的语言逐渐成为亚述帝国的通用语，甚至在亚述本土都取代了阿卡德语。就这样，亚述人的帝国给阿拉姆人的语言做了扩张的嫁衣。随着时间推移，阿拉姆语发展顺利，继亚述帝国之后的新巴比伦帝国继续通行阿拉姆语。而后的波斯帝国虽然发源自伊朗高原，本使用属于印欧语系的古波斯语，但是在官方文档中则采用阿拉姆语书写。甚至连犹太人也是，他们在宗教礼仪上使用希伯来语，但是平时交流也都转用了阿拉姆语。耶稣本人虽然是犹太人，但他的母语也是阿拉姆语。

　　从起源上看，叙利亚这个名字本是源自亚述人，古希腊语中 Ασσυρία（Assyria）和 Συρία（Syria）基本可以通用。亚述人和阿拉姆人原本并不是一回事，但是由于亚述人改说了阿拉姆语，亚述帝国又一度统治过阿拉姆人居住的亚兰地区，因而古代的希腊人对这两个民族难以区分。建立过威震西亚的亚述帝国的亚述人在古希腊世界的存在感远远比阿拉姆人要强得多，因此希腊人直接笼统地将"亚述人"居住的地方都叫作叙利亚。而这些人说的语言在古希腊和古罗马时代则被称为叙利亚语。由于真亚述人所居住的地区后来成为伊拉克的一部分,所以今天的叙利亚就基本只指地中海东岸(即原本的亚兰地区)了,可算是发生了乾坤大挪移。

公元 1 世纪后,基督教在近东地区发展迅速。尽管此时的近东地区通行阿拉姆语,但是基督教的《旧约》本来自犹太教,原本采用希伯来语。耶稣活动时近东地区已经为罗马帝国征服,罗马帝国相当多的文化传统承袭自希腊,因此希腊语也是罗马帝国东部的通行语言,而《新约》的原本由希腊语写成。一开始阿拉姆语并未取得基督教经典语言地位。

此时近东地区本来通用阿拉姆语,但是被并入罗马帝国之后,罗马人对阿拉姆语的重视程度远不如对希腊语。此时埃德萨(当时奥斯若恩王国的首都,今土耳其东南部尚勒乌尔法)成了阿拉姆语新的中心。作为相对独立的王国,阿拉姆语也是奥斯若恩王国的官方语言。罗马人则按照希腊习惯把这种语言称作叙利亚语。

奥斯若恩王国于 201 年宣布基督教为国教,成为历史上第一个以基督教为国教的国家,埃德萨也成了早期基督教的一大学术中心。当地的叙利亚语方言顺理成章地成为当地基督教所用的经堂用语。

这种埃德萨版本的叙利亚语所使用的文字和早期的阿拉姆文字相比,已经出现了不少字母形状的变化,在后世被称作叙利亚文。尽管在阿拉伯征服后丧失了近东通用语的地位,但是阿拉姆语活到了今天。现今,近东地区仍然有接近一百万人使用叙利亚语。

聂斯脱利派

以曾德昭的智慧，他此时大概率已经意识到所谓景教到底是哪个教派。曾德昭甚至试图暗示一下他的读者。在他的《大中国志》中明明白白地写到，远在耶稣会传教士过来之前，元朝的马可·波罗就记载当时中国有许多基督徒，但是由于这些基督徒普遍在元末战争中倾向元朝，因此入明之后他们大多逃散或者隐匿起来了。而《马可·波罗游记》里面明明白白地写出了这些基督徒的教派——聂斯脱利派，一个被天主教会视为异端邪说的教派，也只有他们才会使用叙利亚文，这个教派也一直和使徒圣多马有着千丝万缕的联系。

曾德昭接下来给出了碑文的完整翻译，并且强调这块碑是基督教第二次进入中国的明证：在他看来，基督教第一次进入中国是使徒圣多马传教的结果；而目前耶稣会在做的，是第三次让福音降临中国。我们无法知道曾德昭当时究竟是什么想法，在他看来，无论如何，考虑到聂斯脱利派在基督教世界的尴尬地位，景教的真实面目还是不要直接揭穿为好。很快，景教和聂斯脱利派可能的瓜葛就淹没于耶稣会在欧洲大量刊印的关于景教碑的宣发资料之中了。

对耶稣会传教士来说，景教就是聂斯脱利派可算是一个糟糕的发现。因为早在一千多年前，正是耶稣会所属的罗马天主教亲自把聂斯脱利派打成了需要消灭的异端邪说。

基督教起源于罗马帝国，本是罗马帝国内备受打压的一门宗教。到了 4 世纪后期，罗马帝国开始以基督教为国教，自此基督教在欧洲取得了绝对优势地位。罗马帝国分裂后，西罗马帝国很快灭亡，东罗马帝国则延续到 1453 年被奥斯曼帝国灭亡，在此期间东罗马帝国国教一直是基督教。不过随着基督教成为国教，原本在外部压迫下的团结也逐渐瓦解，基督教开始分裂出形形色色的派别。其中一个在罗马帝国东部省份尤其流行的派别就是聂斯脱利派。

倘若细究聂斯脱利派的起源，这个后来经常被视为异端的教派其实可说是"根红苗正"。顾名思义，聂斯脱利派得名自聂斯脱利（Nestorius）本人。他曾于 428—431 年担任君士坦丁堡牧首，可以说是东罗马基督教的最高领袖之一。此时教会出现强烈崇拜圣母玛利亚的趋势。聂斯脱利对此相当不满，他认为耶稣的人性和神性应该分开，玛利亚只是作为人的耶稣的母亲。431 年，在以弗所公会议上，聂斯脱利的主张被确定为异端，聂斯脱利本人被革职。由于在罗马帝国核心区域失势，聂斯脱利派转而向东方发展。因为地域相近，位于罗马东面的萨珊波斯的西部省份本就有不少基督徒，但是基督教是敌国罗马帝国的国教，萨珊波斯的基督徒处境相当尴尬。大概是为了和罗马帝国在政治上撇清关系，424 年波斯教会宣布独立。被罗马方面宣布为异端的聂斯脱利派一方面自身有另觅他处的需求，许多聂斯脱利派教徒直接东逃波斯，另一方面对于波斯的基督徒来说，信仰一个和罗马方面已经彻底分道扬镳的教派可以降低自身的政治风险。在这些有利条件的综合作用下，聂斯脱利派在罗马的敌国萨珊波斯可说大获成功，成为萨珊波斯境内基督教的主流派别，即所谓东方教会。

这个教会以萨珊波斯首都泰西封（在今伊拉克巴格达附近）为总部。抛开了罗马基督教的传统包袱，东方教会直接采用了当地通行的叙利亚语作为宗教语言。和其他同时期的基督教会一样，东方教会也对传教有着极其浓厚的兴趣。东方教会的传教士在阿拉伯半岛、印度、斯里兰卡、中亚均有活动，曾德昭在南印度碰上的传统基督徒正是东方教会传教的成果。

到了 7 世纪，东方教会把目光投向了中国，这可能是因为阿拉伯征服时期景教在波斯地区的生存逐渐变得更加困难，需要寻找新的发展点，而位于亚欧大陆东端的中国是当时东方教会已知的世界的末端。贞观九年（635 年），受东方教会总部派遣的传教士阿罗本抵达长安。巧合的是，在不久之前，从长安出发的玄奘和尚正好一路向西前往天竺求法，他和阿罗本在新疆和中亚的路线应该有颇多重合之处。从玄奘和尚留下的记录来看，这绝对不是一条好走的道路。我们不知道阿罗本此行经历了多少苦难，耗费了多少时间，但唐太宗给了他极高的礼遇——当阿罗本快要抵达长安时，一代名臣房玄龄已经带领仪仗队在长安西郊恭候多时了。十年后，玄奘和尚从天竺回国时也享受了同样的礼遇。

即便以今天的交通和信息交流条件，让一个中国人报出中东各国的名字，大概他也会遗漏不少。中国位于亚洲大陆东部，与亚洲大陆中、西部隔着高山、荒漠，在历史上向来是一个较为自成一体的单元。在遥远的古代，亚洲大陆东、西部的居民互相之间的了解只会更少，且难以避免以讹传讹的问题。远在中东的景教为何决定派遣传教士来华呢？他们对当时的中国了解多少呢？幸运的是，我们可以从景教碑和其他一些景教文献中找到答案的一部分。

有意思的是，景教碑的叙利亚文部分对中国的称呼相当奇特。碑文中把中国称作"ܨܝܢܣܬܐܢ"，直接逐字母对译就是 ṣynyst'n（叙利亚语的 ṣ 是个咽化的 s，即发 s 的同时咽部收紧，声音比普通的 s 更加浑厚，听上去有些像 ts）。这可能就是阿罗本在来中国之前听到的名字。毫无疑问，这个名字正是一个 China 系的变体。景教长期以波斯为发展中心，许多景教徒的日常用语是波斯语，加上非常明显的波斯语后缀 -stan（斯坦），可以看出叙利亚语中"中国"之名就是由波斯语传入的。非但如此，东方教会还把这个名字传到了希腊语里。

亚历山大港为亚历山大大帝东征修建的一系列城市中最成功的一座，当时给这座新城带来了大量的希腊人。在亚历山大去世后，部将托勒密分到了帝国的非洲部分，以亚历山大港为都控制了埃及及周边地区，建立了托勒密王朝。托勒密王朝的官方语言一直是希腊语。被罗马征服后，罗马帝国东半部仍然广泛以希腊语为共通语，这一习惯后来又被帝国分裂后的东罗马帝国所继承。尽管后来埃及通用语被阿拉伯语取代，但是直到 20 世纪，亚历山大港都仍然生活着不少希腊人。

旅行家科斯马斯

当然，历史上在亚历山大港生活过的希腊人千千万万，作为著名的航海民族，航海经商的希腊人不在少数。6 世纪，亚历山大港出现了一名希腊旅行家科斯马斯（Cosmas）。之所以他能脱颖而出，是因为他活动的范围实在是太宽广了，他尤其以向东方的航行出名。在当时，人们叫他 Κοσμᾶς Ἰνδικοπλεύστης（Cosmas Indicopleustes），意思就是"去过印度的科斯马斯"。他还有一个与众不同的身份——景教徒，这在当时的亚历山大港有可能是相当危险的。在科斯马斯生活的时代之前的一个世纪，聂斯脱利本人正是被亚历山大宗主教、亚历山大的区利罗划定为异端开除出教会的，自此景教的发展中心才逐渐东移。

不过在科斯马斯的时代，景教会在埃及还是颇有势力的。此时亚历山大港迎来了景教"大佬"——波斯人 Aba，他后来会成为东方教会的最高领袖——东方教会宗主教。

科斯马斯能拜 Aba 为师，说明他应该有颇为深厚的宗教造诣，但是这并不是他留名于世的原因。今天我们之所以会了解去过印度的科斯马斯，是因为他创作了一本非常著名的地理书《基督教风土志》（*Christian Topography*）。这本书附有手绘地图，是中世纪早期基督教世界最重要的地理著作，代表当时西方世界地理学的认知水平，譬如他认为地球是平的，而不像当时绝大多数基督徒那样认为地球是个球体。完成这部作品时，科斯马斯本人在埃及西奈半岛一个封闭的修

科斯马斯手绘世界地图

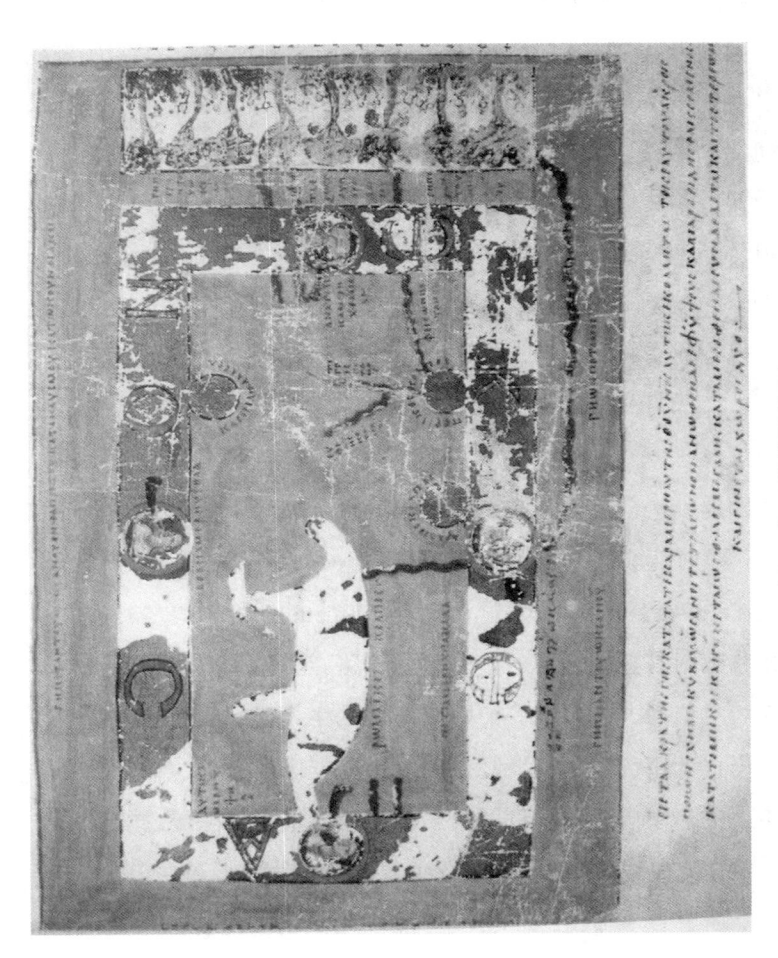

道院里当僧侣。

我们暂且可以把科斯马斯作品中的荒唐之处归罪于时代的局限，将注意力集中在他对中国的描述上。在他的作品中，中国被称为 Τζίνιστα（Tzinista）。正如之前所说，-stan 是来自伊朗语的后缀，与同属印欧语系的英语的 stand 同源，其词根本来的意思是"站"，后来意思演化为某地。今天历史上受到伊朗文化影响的国家和地区的名称还经常叫作"××斯坦"。按照希腊语自身的读音规律，tz 是一个只用来拼写外来借词的组合，-an 组合在希腊语中很少作为名词主格出现，因此也被改造为 -a，于是 Τζίνιστα 就应运而生。

作为景教徒的科斯马斯，他的作品很有可能代表来华之前景教徒对中国的认知。按照科斯马斯的描述，Tzinista 作为印度的一部分，位于已知世界的最远处，该地由于盛产蚕丝，被认为是世界上最接近天堂的地方。科斯马斯已经认识到 Tzinista 的东边是大洋。此时 Tzinista 的丝绸正在通过两条路线运往波斯，其一是较短的陆路，另一条海路则要长得多。之前西方人曾因为海陆两条贸易路线误把中国的南、北方当成两个国家，科斯马斯则对中国有更加清晰的认知。当然，作为中国丝绸出口的重要转运地，距离中国更近的波斯一定是此时地中海和中东地区对中国的信息来源。

不管是希腊语 Tzinista 还是叙利亚语 ṣynysṭ'n，都来自中古波斯语 ܨܝܢ（čīn），是不折不扣的 China 系称呼。同属于伊朗民族的粟特人由于很早就来华经商，在两晋之交中原大乱时，居住在中国内地的粟特商人娜娜槃陀在给中亚原乡传回的信件中就描述了中国当时的动乱,此时粟特人就已经把中国称为 ڛڛڛڛڛ(cynstn),把中国人称为 ڛڛڛ(cyn)。粟特文因为继承古代西亚的叙利亚字母,书写时有时会省略元音或用辅音代替,如果复原粟特语的读音,则此时粟特人对中国的称呼就是 Cīnastan,和粟特语的亲戚波斯语基本一致。

尽管如此,在 čīn 继续西传时却有一个问题。波斯语再向西的主要语言是希腊语和叙利亚语,但是此时的希腊语和叙利亚语都缺乏能够表示波斯语 č 或粟特语 c(发音都类似英语 ch)的音,因此在引入这个词时必须发生音变。对于叙利亚语来说,问题并不大(粟特字母本来就是借自叙利亚字母);中古波斯语所使用的字母也是从阿拉姆字母发展而来。这两种语言中表示 č 的字母,本来就是从阿拉姆或叙利亚字母中表示 ṣ 的字母发展而来的,因此直接倒回 ṣynyst'n 即可。希腊语是波斯语的远亲,希腊字母和阿拉姆字母也有非常久远的同源关系,两者都由腓尼基字母发展而来。然而希腊语早就有相对独立的书写传统,ṣ 的同源字母在希腊语中发展成了字母 Ϻ(San),它早期与字母 Σ(Sigma)在希腊语地区都有使用。腓尼基语和阿拉姆语/叙利亚语属于同一语系(亚非语系),音系格局较为类似,套用字母也相对方便。属于印欧语系的希腊语则语音体系大不相同。希腊语其实只有一种 s,并不需要多个表示 s 类发音的字母,因此在不同的希腊城邦的书写传统中,一般要么用 Ϻ 要么用 Σ。Ϻ 的主要使用区域是科林斯以及克里特岛,其他希腊城邦则基本都用 Σ。

后者的势力要大得多，最终科林斯和克里特岛也放弃使用 M 而依从整个希腊世界的主流习惯使用 Σ。因此到了 čīn 西传的年代，就算有文字专家知道希腊字母和粟特/波斯字母的同源关系，ṣ 所对应的 M 也已经从希腊字母表消失。

因此此时希腊人对外语中的 č 只得采取了根据发音来用字母组合模仿的方法。如果把 T 和 ζ 组合，听起来大概就和汉语拼音的 z 差不多。千年之后来到中国的西方传教士也正是把汉语的"子"拼成 tze 的。和本来的 č 相比，大概就类似把翘舌音都读成平舌音的普通话——虽然这个比喻不够准确。

可以想象，科斯马斯本就是东方教会的成员，东方教会的人一定读过《基督教风土志》。当来自阿拉伯半岛的游牧民一手持剑、一手持《古兰经》征服波斯后，在某次会议上，与会的主教们终于决定派人前往科斯马斯描述中最接近天堂的 Tζίνιστα，或者用教会的叙利亚语说——Ṣinistan。他们一定期冀东方教会在那里会开拓新天地，正如他们的先辈从埃及东迁到波斯那样。

真假石碑

在欧洲传教士活跃的年代，聂斯脱利派早已衰落，无论对天主教还是新教都构成不了威胁。当曾德昭考察完景教碑后，他可能会觉得，继他之后，一定会有更多的欧洲人前来考察研究景教碑，会和他一样感到"灵喜"。他一定不会料到,此后几百年的时间里,再没有一个欧洲人来到景教碑身前。景教碑出土于明末,很快清朝取代了明朝。清朝对传教士的容忍程度远远低于明朝,如晚明那样传教士在全国乱窜的场景,在清朝早、中期简直不可想象。清初传教士不但数量上大大低于明朝,活动范围也很狭窄。而由于清朝长期实行闭关锁国的政策,由广州一口通商,少数来华的西洋商人也只会到远离景教碑的广东。

此时欧洲景教碑的所有材料均掌握在天主教会手里——更精确地说,都掌握在耶稣会手里。耶稣会似乎从诞生开始名声就不大好:它于1540年成立,1550年就开始有关于耶稣会的阴谋论出炉。而到了景教碑被发现的17世纪20年代,耶稣会已经称得上是臭名昭著。这得归功于1614年在波兰出版的《耶稣会秘密指南》(*Monita Secreta*)。光听名字就可以知道这当然不会是正常的指南。这本指南的作者号称是耶稣会第五任会长,全书一共17章,里面的内容可以说骇人听闻。从在新的地方如何立稳脚跟,如何博得世俗贵族的好感并且通过他们的权力牟利,到怎样对付同类竞争,如何表现得视金钱如粪土——整个指南就是阐明耶稣会以获得权力和影响力为宗旨,为此可以不择手段。

尽管《耶稣会秘密指南》非常可能是部专门用来抹黑耶稣会的伪作,但其极其功利和露骨而详尽的条文还是在欧洲导致舆论哗然。尤其是一些新教人士认为,《耶稣会秘密指南》就算并不是真的耶稣会行动指南,也可称得上是对耶稣会种种行径的归纳总结。

实际上耶稣会在行事风格方面确实身段灵活。基督教不允许说谎，耶稣会也遵循这个原则，却明确允许在不说谎的前提下以模棱两可的话语故意误导他人。这为传教时为了方便进行一些造假和欺诈行为扫清了道德障碍。为了传教方便，作伪的行为甚至早已有个专门的名称：敬虔欺诈（pious fraud）。一度控制整个西欧的天主教历史悠久，鱼龙混杂，颇有些涉及敬虔欺诈的案例。如西西里人广泛崇拜的圣罗萨利亚圣骸，理论上应该属于11世纪在岛上一个山洞里去世的小女孩罗萨利亚，但是直到14世纪它才被发现。据传人们拿它到镇上游街之后，席卷当地的黑死病就神奇解决了，因此罗萨利亚被封圣，山洞也成了著名朝圣地。然而19世纪时发现，所谓的圣罗萨利亚圣骸其实是山羊骨骼。

著名都林耶稣裹尸布，号称是耶稣被钉死在十字架上后包裹耶稣尸体的布匹，哪怕在天主教会内部也早有人认为可能是造假的。1988年的放射性碳定年法测试显示，布料的年代大约在13世纪后期到14世纪。而宗教改革家加尔文更是早就曾经讽刺，那些号称是从真十字架（耶稣被钉的十字架）斫下的碎木加起来恐怕可以造一艘船了。耶稣会在景教碑研究中也确实得出过明显的误导性结论，如景教碑里提到了郭子仪，耶稣会的人就直接认定郭子仪是基督徒。

不过公允地说，耶稣会在敬虔欺诈方面并不算特别过分，甚至有些耶稣会成员还颇为反对此类行为。17世纪的耶稣会成员比利时人帕本布鲁克（Daniel van Papenbroeck）曾经长期担纲《圣徒传》（*Acta Sanctorum*）的编写工作，他曾因为很多修道院自称的早期历史以及这些修道院的圣徒创建者的生平事迹实在难以和现实调和而感到头痛，甚至一度得出了所有修道院里的古代文档都是 11 世纪的僧侣伪造的大范围打击结论。在他看来，声称的年代越早就越可疑。从实际经手景教碑的几位耶稣会会士的履历看，曾德昭等人对伪造遗迹的问题应该具备比较高的道德水准，譬如河南希腊文钟本是一个可以大加利用的题材，但是曾德昭等人并没有宣称这是古代基督徒留下的。

这并没有让景教碑摆脱赝品的嫌疑。随着景教碑在欧洲的名声越来越大，关于这块石碑是真是假的问题也逐渐成为此后数百年间欧洲学术界的一大争议点。

继在华传教士之后，欧洲本土的学者也开始研究景教碑，其中最重要的是耶稣会成员德国人基歇尔（Athanasius Kircher）。基歇尔对各种古代文明有着异常浓厚的兴趣，他在埃及学上下力颇深，声称自己破解了古代埃及使用的圣书体文字——这当然是不可能的，古埃及圣书体真正得到破解是 19 世纪的事情。除了古埃及以外，他对中国文化也相当感兴趣，对中国文字和古埃及圣书体之间的联系尤为兴致浓厚。

他甚至写了一本关于中国的百科全书《中国图说》（*China Illustrata*）。此时由葡萄牙人普及的 China 已经成为欧洲人对中国最常见的称呼，取代了之前的 Cathay/Mangi 之类。这本百科全书的第一章就是景教碑，并且给出了景教碑中文部分以及叙利亚文部分的拉丁文翻译。靠着这本书，基歇尔成功成为当时欧洲人眼中的中国专家。作为《中国图说》

的重要一环，景教碑的中文部分被全文誊抄。除了翻译之外，基歇尔甚至还给碑中的每个汉字注音——正是这些注音暴露了所谓的中国通和汉字研究者事实上一点儿汉语都不会。这倒也不算出人意料，毕竟这位从未到过中国的耶稣会会士不大可能有条件在欧洲无师自通学会中文。事实上，基歇尔对中文缺乏最基本的了解，《中国图说》里甚至出现了把"我"注音为 rigo 的离谱错误。这曾经让后世学人大为不解，甚至有认为他可能本来想写 rio（葡萄牙语"河"）。其实不过是因为基歇尔把 ngo 误认成了 rigo 而已，ngo 正是"我"字在明朝官话中的发音。可能因为 ng 做声母在欧洲语言中不常见，就出现了误把 n 拆成 ri 的现象。由此可见，基歇尔连一个汉字只会表示单个音节都不知道，对汉语一定是一窍不通。他对景教碑的翻译基本是依靠耶稣会同僚的翻译。但无论如何，《中国图说》的流行大大提高了景教碑在欧洲的知名度，从此整个欧洲的学术界都知道，在遥远的东方古国的古都西安，有一块记录着基督教早期在中国存在的石碑。

在《中国图说》里，基歇尔大大方方地承认了景教碑里记载的基督徒是异端聂斯脱利派。可见此时对于天主教会来说，虽然当年中国的基督徒信的是被自己打成异端的偏门教派，但证明早在唐朝中国就有基督徒活动更加重要。作为古埃及研究专家，基歇尔还认为景教碑本来可能是一群埃及科普特基督徒在东方留下的遗迹。天主教会真正完全承认景教是聂斯脱利派还得等到 18 世纪。此时罗马教廷有一位著名的图书馆员阿赛曼尼（Giuseppe Simone Assemani），他本人是出身黎巴嫩的阿拉伯基督徒，阿拉伯语和叙利亚语水平相当高。他最终一锤定音：景教碑绝对不是天主教的遗物，这种所谓的景教必然是聂斯脱利派叙利亚教会。

俗话说"人怕出名猪怕壮"，随着景教碑在欧洲的名声越来越大，针对景教碑的争议也开始增多。景教碑和耶稣会剪不断理还乱的关系更是让景教碑问题牵扯颇多，争议难以平息。在当年的欧洲，耶稣会是天主教和新教斗争的重要武器，不少宗教裁判所的负责人正是耶稣会会士。在反对新教上耶稣会冲在了最前线，无怪乎新教徒对耶稣会观感不佳了。在新教逐渐挑战天主教权威时，耶稣会首当其冲被认为是新教徒的敌人，连带着所有和耶稣会有关系的事物都未能幸免。

甚至哪怕在天主教内部，耶稣会也不是毫无敌人。譬如多明我会和方济各会就曾认为耶稣会在华传教时允许中国教徒祭祖祭孔是大逆不道，最终引发长达两个多世纪的中国礼仪之争。同教兄弟们信不过耶稣会主要是因为耶稣会为了传教经常便宜行事，尤其在中国礼仪之争等问题中，耶稣会更多采取了非常实用主义的做法，这或许让自命正统的其他修会看着很不顺眼。

不过首先针对景教碑发难的仍然是新教人士。早期对景教碑真实性提出质疑的是日内瓦神学家让·勒克莱克（Jean Le Clerc）。他的理论主要是，如果基督教真的在唐朝就已经进入中国，这么大的一件事理应会被载入史册，甚至会有伴随的节庆等活动。当然事实上勒克莱克并不会中文，更不可能熟读中国史籍，他的质疑多少有些凭空想象的意味。继勒克莱克发难之后，法国人拉克罗兹（Maturin Veyssière La Croze）对景教碑的真实性发起了更加猛烈的抨击。拉克罗兹早年信奉天主教，后来由于种种原因皈依新教，因此他也从法国搬家到了德国，在柏林法兰西学院担任教授。他的主要论点是，如果景教碑真是在碑文中记述的时代被镌刻的，那么在那个时间点今天以色列附近的地区由于东罗马帝国的影响应该通行希腊文，因此景教碑的外文部分用叙利亚文而非希腊文说明这是后来的伪作。

和之前参与过景教碑讨论的诸多修士不同，拉克罗兹是叙利亚文专家，按理来说他应该对碑的真伪问题有相当大的发言权。然而世事无常，造化弄人，拉克罗兹偏偏因为景教碑上刻了叙利亚文认为这块碑是假造的。

进入清朝之后，在华的西方人数量愈来愈少，清朝长期实行广州一口通商制度，西方商人只被允许在广州活动，在北京的传教士则受到朝廷的严格管控，并无人再去陕西实地考察景教碑。欧洲对景教碑乃至中国的研究逐渐陷入缺乏原始材料全凭空想的书斋式研究困境中。此时作为欧洲人手头少有的中文文献之一，景教碑意外成了中文教材。此时的西方人相当缺乏中文学习材料，几乎所有的中文字表都是基于景教碑。当然，由于本身的体裁和文体，景教碑并不适合初学者学习中文使用，况且还有一些传抄翻译过程中的失误。譬如之前已经提到的 rigo san ye（我三一）就曾经因为 rigo（实际应该是 ngo）被猜测为和葡萄牙语的 rio（河流）有关，从而和《圣经》中的生命水之河错误地联系在了一起。

不夸张地说，18世纪欧洲人对中国的了解可能得从景教碑开始。此时，耶稣会会士们仍然在找寻其他证据证明景教碑以及唐朝中国基督教的真实性。1735年，著名的耶稣会会士杜赫德（Jean-Baptiste Du Halde）终于在中国浩如烟海的典籍中翻出了除景教碑之外的其他关于景教的记载。这是一份公元845年唐武宗的敕令，这条敕令充分解释了为什么在景教碑中兴盛一时的大秦景教会在唐朝以后销声匿迹。

唐武宗会昌年间，由于佛寺和佛僧不用交税，寺院经济愈发扩张。为了避税，出现了越来越多的寺院，僧尼人数也继续膨胀，严重影响了唐朝的财政来源。加上唐武宗本人信仰道教，终于在会昌五年（845年），唐武宗下令清查天下寺院和僧侣人数。除了长安、洛阳各留两寺外，天下诸州各留一寺并控制僧侣人数，没收寺院田产奴婢，僧尼还俗，拆除佛寺的建筑材料和佛像回收处理。

可能正是这个缘故，除了较为坚固结实、不便拆卸的砖塔之外，当今中国的佛教建筑比会昌年间更早的只有位于山西忻州五台山附近的南禅寺一处。这座当时的乡野小庙可能是太不起眼了，没有在会昌法难中被拆除，成为中国仅存的三处唐朝木构建筑中年代最早的一处。离南禅寺不远的另一处唐构佛光寺东大殿所属的佛光寺是五台山的著名寺庙，自然没有逃过会昌法难，被拆了个精光。但是在僧尼还俗潮中，愿诚和尚仍然暗地里笃信佛教。会昌法难后不久唐武宗去世，继位的唐宣宗废除了唐武宗的废佛政策。愿诚和尚跑到长安为重建佛光寺筹款，一位叫宁公遇的长安贵女慷慨解囊。东大殿在法难后 12 年得以重建，于是今天东大殿精美的唐朝泥塑中就有了一尊宁公遇之像。

此时唐朝流行的宗教除了佛教之外，还有从西方传来的祆教（即琐罗亚斯德教，中国俗称拜火教）、摩尼教和景教，由于这几种宗教都自外国传入，主要的信徒都是有外族血统的人士，本土中国人甚少信奉，故合称"三夷教"。唐武宗对三夷教的厌恶程度可能更甚于对佛教，尤其是对摩尼教痛恨至极。摩尼教在唐朝本来是不成气候的小宗教，但是由于摩尼师成功让回鹘可汗皈依摩尼教，使摩尼教成为回鹘国教。回鹘曾是唐朝共同抗击吐蕃的盟国，在回鹘压力下，唐朝各州都建立了摩尼寺。在会昌法难发生时，回鹘汗国已经被击败西迁，唐朝摩尼教失去了最重要的保护伞，唐武宗甚至有强迫摩尼师穿上佛教僧人的袈裟再予处死的羞辱行为。祆教则和唐朝以粟特人为主的胡人关系紧密。相对来说，景教要低调得多，但也没能逃过这场风波。

虽然唐武宗的主要攻击对象是佛教，但是由于佛教在中国树大根深，信众众多，它在经历打击之后一时衰落，然而风声过后立刻卷土重来。相对而言，教徒数量较少的三夷教则没有那么走运，作为唐武宗灭佛的附带伤害，三夷教在会昌法难之后一蹶不振，再未恢复元气。

会昌法难发生时，景教碑完成不过几十年，对于石碑来说可说是非常年轻。法难发生后，景教徒有足够的时间把景教碑深埋地下。长期被埋使得景教碑未受到人为破坏，风化程度也很轻，因此在明朝重见天日时状态极佳。有了对于会昌法难的了解，似乎景教碑身上的一些疑云就可以破解了。

也并非所有的新教徒都认为景教碑是赝品。譬如著名的德国哲学家和数学家莱布尼茨（Gottfried Wilhelm Leibniz）就坚决地认为景教碑确实是真的。比起不谙汉语的中国通基歇尔，莱布尼茨则在学习中文上确实下了一番苦功，他是第一个注意到汉语"马"和欧洲各语言中的马（如英语 mare）有相近之处的。大概是出于数学家的严谨，尽管是新教徒，但是莱布尼茨通过自身独立思考还是得出了景教碑应该是真品的结论。

然而不幸的是，景教碑随后迎来了一名非常重磅的反对者——法国人伏尔泰（Voltaire）。

和之前景教碑真伪之争往往局限于欧洲此时的天主教与新教的门户之争不同，伏尔泰对景教碑的否定更加彻底。作为启蒙时期最伟大的思想家，伏尔泰对欧洲的主流宗教基督教缺乏好感，尤其对耶稣会堪称恨之入骨。伏尔泰相信神的存在和宗教的必要性，但是他对当时把持法国社会的天主教会持批判态度，尤其是对当时各派基督教的教派之争深恶痛绝。相比之下，尽管伏尔泰并不会中文，但是他从年轻时起就对中国和中华文化很有好感，终其一生都把中国视为一个较为理想的国家。在他看来，中国有着令人惊异的历史延续性，中国的文化和宗教非常纯洁。伏尔泰对中国宗教的理解主要是儒教，他认为儒教是一种值得欧洲人效仿的宗教，孔子是优秀的哲学家，儒家思想以道德说服别人而不是采用各种迷信、圣战、宗教狂热等手段传教。在中国漫长的历史中，尽管佛教、基督教先后进入中国或道教在中国本土产生，但是都没有污染中国儒教的纯洁性。

伏尔泰直截了当地认为，景教碑毫无疑问是耶稣会为了让中国人皈依基督教搞出来的假货。伏尔泰对景教碑本身和其历史背景其实并不了解，他甚至把陕西省拼写为 Kingtching 或者 Quen-sin。他提出的景教碑是假货的理由和证据，客观地说，很难站得住脚。譬如他觉得"大秦"这个名字很可疑，"阿罗本"像是西班牙人的名字，一个来自巴勒斯坦的基督教僧侣不可能在北京修教堂，中国人从来就不知道基督教或者基督徒。伏尔泰晚年的《中国、印度及鞑靼信札》（*Lettres chinoises indiennes et tartares*）中对景教碑的批判更上一层楼，对景教碑的出炉过程做了颇为大胆的推测。

他首先给出了景教碑出土的故事。1625年时，利玛窦、金尼阁和曾德昭耶稣会"三巨头"齐聚陕西西安修建教堂。这回伏尔泰没有搞错西安府的名字（Sigan-fou），不过陕西的名字仍然拼成了 Kensi，这大概是对遵循葡萄牙语拼读规则的 Xensi（葡语 x 和汉语拼音 x 发音相近）的误转。在修建教堂时，他们挖出了一块大石碑，上面写着中文和某种未知文字，还有个马耳他十字架（一种四个矛头以尖相接、四周八个尖角形状的十字架）。简而言之，除了说景教碑是"三巨头"修教堂挖出来的以及对十字架描述不够准确之外，他和传统说法说得差不多。

伏尔泰随即提到景教碑上有一些签名，这些签名对意大利人和法国人来说不容易发音。除了 782 年凿碑时（这里伏尔泰搞错了一年，实际应该是 781 年）的签名之外，还有另外一张大纸上有 70 个诸如 Aaron、Pierre、Job、Lucas、Matthieu、Jean 之类的签名。他认为这是于利玛窦在场时签下的，是为了证明挖出石碑真实不虚而找来的共犯。伏尔泰提及碑文时说，太宗文皇帝时期，阿罗本从 Judée 地区抵达中国。Judée 即所谓犹地亚地区，是古代的地理概念，大约在今天的以色列和巴勒斯坦约旦河西岸地区。从这点可以看出，伏尔泰大约并没有阅读景教碑的中文原文，原文中提到上德阿罗本只说他是大秦国人，认为大秦是古代犹地亚地区其实是早期耶稣会传教士的推测。伏尔泰还提到，基歇尔认为这里的犹地亚地区实际应该指位于两河流域的美索不达米亚。见多识广的伏尔泰提醒读者美索不达米亚的基督徒都是异端聂斯脱利派，因此等于说上帝派遣了异端去中国传教。

　　针对曾德昭的翻译，伏尔泰不无讽刺地说其风格相当类似塞万提斯（《堂吉诃德》作者）和戈维多（西班牙作家）。景教碑原文里的阿罗本"占青云而载真经"只是中国人撰写这类文体时凑出来的套话，后来在曾德昭以及基歇尔的翻译中都被直译。伏尔泰把阿罗本"占青云而载真经"和天主教里的洛雷托圣母类比。根据传说，洛雷托供奉的圣宅本是耶稣和父母居住的宅第。1291 年，当十字军要被赶出圣地时，为了防止圣宅被敌军破坏，天使把圣宅转移到了达尔马提亚海岸（在今克罗地亚）；由于朝圣者在去圣宅朝圣过程中经常遭遇劫匪，1294 年天使们又把圣宅运过亚得里亚海，转移到意大利安科纳；随后在 1295—1296 年间，由于种种原因，圣宅又在较近距离神秘转移了三次，最终转到现址。伏尔泰自然不相信圣宅（以及圣母）飞行转移的事，拿阿罗本"占青云"的事和圣宅飞行的事类比，可见伏尔泰对阿罗本赴华传教一事的态度。

总而言之，伏尔泰认为以上描述的整个故事是个拙劣异常的骗局。他讥讽，如果耶稣会要想骗人，最好弄个更加高明的骗局。尽管伏尔泰没有明说，但他大概会认为这是耶稣会"三巨头"以及那70个配合签名的人一起搞的鬼。

当然，伏尔泰没有注意到，在1625年景教碑被发现时，利玛窦都已经死了15年了，早就见上帝去了。这无疑给"三巨头"造假增添了不少难度。由于利玛窦死得早，假如真的是"三巨头"造假，实际造假时间必须是在利玛窦还在世时。在三人和可能的其他帮手一起把景教碑埋进地里之后，"三巨头"还在世的两位还得另择时机再把景教碑起出来，这堪称一个了不起的大阴谋。

以后人的眼光看，伏尔泰对景教碑的批判有些荒唐，这些近乎狂热的攻击甚至可以说是这位一直主张理性的伟人的一个小污点。不过一定程度上，我们并不能够怪罪伏尔泰在景教碑问题上出现的偏执。伏尔泰发声的时期，距离西方人最后一次真正实地看过景教碑已经有一百多年，一百多年前看过景教碑的又几乎全是耶稣会的会士。尽管这块石碑当之无愧是欧洲最有名的中国文物，但是在绝大多数欧洲人眼里，景教碑已经近乎成了一个虚无缥缈的传说。事实上，伏尔泰正确地提到了，欧洲人仰赖的主要资料来源基歇尔从来没到过中国、没有看过真的景教碑，他是依据复制品来研究的。而伏尔泰提到的 70 个签名的问题，则可能是把复制的拓片和原碑搞混了。这也不能全怪伏尔泰，毕竟此时景教碑到底是几块碑、互相之间是什么关系都已经成了有争议的问题，而产生这个问题的基歇尔的不谨慎可谓"功不可没"。

1636 年，基歇尔在著作中提到，在发现石碑之后，邹嘉生（基歇尔并未点名，而是称"西安总督"）撰写了一篇碑记，并勒石记之。这是早在 1631 年耶稣会传教士就记录下的事，很有可能是确实发生过的。然而基歇尔随即提出了一个极其古怪的说法，即邹嘉生下令在金胜寺景教碑对面所立的石碑是景教碑的复刻品。按照基歇尔的说法，邹嘉生被古碑所震撼，因此在撰文记录之余，还找了一块大小相当的石头，把景教碑上所有的汉字和其他记号字符都尽可能忠实地刻了一遍。显然景教碑再现是中国会"重归基督"的天启，故而给人的心灵震撼非同小可。更加离奇的是，基歇尔又说，在耶稣会的罗马学院里也有一个等比例的复刻品。

依照中国的一贯操作，发现古碑后题写碑记倒是不足为奇，但是从未听说会有人立马做一个复刻品摆在旁边。至于耶稣会的罗马学院的复制品就更是古怪了。景教碑体量相当巨大，耶稣会要想在罗马城里弄块复制品动静可是小不了，这么大的一通石碑也很难隐藏起来，但是后来并没有人真的看到过所谓的等比例复制品。假设基歇尔没有胡说八道，那么所谓的等比例复制品大概率是一个纸质拓本——基歇尔确实较为准确地画出了景教碑的碑头并给出了碑身上的汉字，这在完全没有参考资料的情况下不大可能。

基歇尔提出的关于邹嘉生立复刻碑的说法，不仅现代人看起来觉得费解，当时的欧洲人也认为匪夷所思。然而他们却普遍并没有质疑是不是基歇尔搞错了，而是为这种怪异行为找一些自己的理由。基歇尔甚至忽悠到了耶稣会的同僚。譬如17世纪末法国耶稣会会士李明（Louis Le Comte）认为，邹嘉生是嫉妒基督信仰的威力才做下如此行径的。可能从来不知道基督教为何物的邹嘉生假如听到这个说法，不知会作何感想。

关于复刻碑的说法在后来被一再重复，这也带来了一个新的问题，那就是耶稣会手里关于景教碑的拓本和资料到底是来自原碑还是来自邹嘉生的复刻碑。在接下来几个世纪，由于欧洲无人到中国西安现场考察，这个基歇尔的臆想被演绎得愈加厉害，各种阴谋论层出不穷，变得更加离奇。

让石碑真假谜案变得更加复杂的是，明朝末年真的有两个耶稣会传教士郭崇仁（即郭纳爵）和梅高在西安教堂立了一块石碑。这块石碑本来已经不知所踪，但是在1924年5月1日又被挖了出来。从石碑内容来看，这块石碑显然是要把景教和天主教联系在一起，因此在很多方面有模仿景教碑的痕迹。如它的碑头上也刻了一个十字架；碑文中则在中文里夹杂了一些拉丁文句子；部分文句明显抄袭了景教碑，如"戢隐真威，同人出代"就是从景教碑照抄的原话，反倒是邹嘉生的题记碑后来消失得无影无踪了。

在明朝末年的西安，景教碑确实存在这么一个由耶稣会一手策划的"山寨兄弟",这或许也可以解释为什么关于景教碑复制品的传言在欧洲流传得那么广。参与制碑的两位耶稣会会士都没有回欧洲澄清事实的机会——郭崇仁于康熙年间在中国去世,梅高则死于明末清初的战乱中。加上罗马所藏的"复制品"和邹嘉生的题记,在景教碑发现之后的某一时期,竟然同时有4块"景教碑"存在。在缺乏实地勘察的条件时,4块景教碑孰真孰假、互相之间到底有什么关系成为云里雾里的难题也就不足为奇了。

关于景教碑真伪问题最离奇的说法是:景教碑是马可·波罗伪造的。这得怪碑文里面提到的将景教带入中国的阿罗本。早期欧洲撰写阿罗本时按照元明时期的汉语音转为Olopuen,居然有"脑洞"甚大之人把字母重新排列组合,认为所谓Olopuen其实是PoloVen(拉丁字母u和v旧时经常能够互通)。并认为,这块碑实际上是这位PoloVen伪造埋在地下的,然后他又玩了个文字游戏,把自己的真实身份留在碑文中给人猜谜。那么谁是PoloVen呢?历史上最有名的姓Polo的人正是大名鼎鼎的马可·波罗(Marco Polo),恰巧马可·波罗是意大利威尼斯人(Vénitien),欧洲人经常把他称作威尼斯人马可·波罗。都论证到这了还用说?景教碑一定是Polo Ven——"威尼斯人波罗"——的杰作咯。

这个脑洞在诸多巧合的作用下竟然听起来有理有据,而且马可·波罗本人确实也曾经在陕西活动过。与刚发现景教碑时的耶稣会不同,马可·波罗甚至对聂斯脱利派还颇有一定认知。在诸多造伪论里,马可·波罗造景教碑这件事,可以说除了他自己名字先调整一下字母顺序再转成汉字的行为显得略微"奇葩"之外，逻辑漏洞倒是不大，因此一时也获得了不少赞同。

到了 19 世纪，欧洲人终于觉得中国人发现景教碑以后立刻制作了一块景教碑的复刻品放在旁边是近乎不可理喻的奇怪行为。除非景教碑本来就是造假的才有可能会出现这种情况。最终，在 19 世纪中期都柏林大学三一学院的希伯来语教授查尔斯·威廉斯·沃尔（Charles Williams Wall）笔下，一个巨大的阴谋论出炉。这个阴谋论可说是各类阴谋论的集大成者。沃尔是希伯来语专家，因此他对景教碑的兴趣始自碑文的叙利亚文部分，毕竟这是希伯来语的一种亲属语言。他在检视了叙利亚文之后认为，景教碑的叙利亚文部分确实是真实无疑的古代作品，但是中文部分是假的。沃尔几乎完全不懂中文，顶多只有查查字典的能力。不过在沃尔看来，中文这样的文字比起字母文字来说是一种低等文字，缺乏稳定性和表意的精确性，影响人类智力发育和思维。沃尔天马行空的想象力让他得出结论，景教碑给中国历史设定了极限（即中华文明史不超过景教碑），说明中国人根本不知道自己国家的古代历史。他认为邹嘉生之所以要搞复刻碑，是为了掩盖这一事实——唐朝中国人使用的文字明朝人却已经完全不识，为了掩饰中文的缺点，焦虑的邹知府赶紧做了块复制品。为了证明自己的观点，沃尔对景教碑上的文字和 19 世纪初的基本中文字典里的汉字进行了对比。他认为汉字很不稳定，景教碑上的文字更接近现在的字形而非"古字"（繁体字），因此必定为明朝人造假。

事实与沃尔的臆断正好相反，汉字是全世界延续性最强的文字系统之一，唐朝和明朝使用的文字几乎一样，沃尔甚至搞不清楚汉字就像其他文字一样可以有不同的字体，而是完全被19世纪的西方中心论冲昏了头脑，写了长篇累牍的"学术"垃圾。这个阴谋论也有另外一个变体，即复刻碑是对原碑内容进行了有意识的修改变动，修改是由耶稣会主导的，本来是想着用复刻碑替代原碑，以达成耶稣会不可告人的目的。

"保护"景教碑

19世纪时，位于西安的景教碑迎来了新的一批西方来客，西方景教碑的研究终于开始有了新的突破。此时在坚船利炮的压力下，封闭的清王朝终于被迫向西方人敞开大门，各路西方传教士可以自由在中国各地活动。与之前的天主教传教士不同，这批传教士的背景更加复杂一些，以新教传教士居多。此时景教碑在西方学界已经几乎被认定为伪作，伏尔泰在其中起了相当大的作用。尽管伏尔泰本人并非真正意义上的汉学家，也很难说他对景教碑的真伪问题真正进行了科学意义上的考证，但是由于伏尔泰在启蒙时代的巨大影响，加之天主教会，尤其是耶稣会在欧洲诸新教国家越发不受待见，景教碑乃是伪作几乎成了欧洲以及后来的美国学界的共识。

1853年的一封信件中，美国著名梵学和阿拉伯学家、耶鲁大学教授索尔兹伯里（Edward E. Salisbury）提到，他曾直截了当地说学界一般认为景教碑是赝品。然而在被人询问为什么认为景教碑是赝品后，索尔兹伯里教授认真地审读了他所能掌握的证据，居然改弦更张认为并不能确定景教碑是赝品。

有趣的是，直到此时，西方的景教碑研究自始至终都几乎没有参考任何中国本土学者的成果，哪怕是中国的基督徒的意见也完全被忽视。欧洲人轻率地认为，中国人的著作中没有提到过景教碑或者公认景教碑是伪作。事实恰恰相反，景教碑的真伪在中国从来不是问题，几乎所有接触过景教碑的中国学者都没有对景教碑的真实性提出过任何质疑。

与明清时期的西方人热衷于打景教碑是真是假的空对空的嘴仗不同，此时的中国人对景教碑远远没有这么感兴趣。对于明清时期的中国人来说，景教碑的珍贵之处在于它是一块保存完好的唐碑。譬如明末清初著名的书画家孙承泽就盛赞了景教碑的书法。景教碑汉文部分的书法是由唐朝名家吕秀岩所书，孙承泽1660年对景教碑的评价为："书法秀逸遒劲，唐石之最佳者……未知碑在何地，何以能完好如此。"至于碑刻的内容，大多数人只是觉得有些怪异，但是自古涉及宗教的石碑里出现奇奇怪怪的术语也属正常。尽管最早接触石碑的张赓虞和李之藻等人都很快判断出景教和基督教有关，但是大部分只是认为这是唐朝某个佛寺埋入地下的石碑，景教不过是一种对佛教的美称。景教碑对景教名称的来源给出了自己的解释，即"真常之道，妙而难名，功用昭彰，强称景教"。这个解释并不能明确指明景教到底是何来路，甚至和一些佛、道的说法相当接近。

这是由于此时中古中国的外来宗教已经濒临灭绝，以至于中国人只熟悉佛、道等本土教派。在唐武宗会昌年间之前，三夷教受到唐朝官方一定程度的支持，因此一度在不少地方都修建了宗教场所。三夷教在华活动在中国史料中留下了一大票记录，但是传统上由于信奉三夷教的人多属外来人员，在中国属于较为边缘的人士，因此并不为人所注意。会昌法难之后，根深蒂固的佛教并未伤筋动骨，三夷教在中国却基本全军覆没：景教几乎销声匿迹；祆教从此一蹶不振，但是可能在粟特移民特别多的山西等地区仍然存活了一段时间（今天位于山西介休的祆神楼是当地古代祆教寺院的遗存）；摩尼教则转往闽浙和吐鲁番等地发展（《水浒传》里著名的方腊即是摩尼教大祭司），后来本土化演变为白莲教等民间会社组织。

与此相比，尽管对中国史料不熟悉，但是可能对基督教更加了解，西方传教士一直都明确知道景教是基督教的分支，问题只在于景教是不是天主教。第一个明确指出景教就是基督教聂斯脱利派的中国人是曾于1889年出使欧洲的洪钧。他在《元史译文证补》里成功追踪到了景教在中国发展的脉络。景教在会昌法难之后并没有完全销声匿迹，景教传教士成功让蒙古高原和中亚的一些游牧部落信奉了景教。元朝的建立使得中国内地省份再次有了景教徒活动的踪迹，这些景教徒正是马可·波罗见到的那批中国基督徒。但凡对中国历史和社会有深入的了解和研究，必然就会得知，以17世纪20年代耶稣会在华传教士的能力，搞一场这么大阵仗的作假就算不说完全不可能，至少也会把耶稣会在中国的资源吃得一干二净，还需要大批中国本土教徒与非教徒乃至耶稣会印度分支的配合演出。

对此，19世纪早期的法国汉学家雷慕沙（Jean-Pierre Abel-Rémusat）早就有总结：

> 耶稣会传教士是如何避开中国官员和百姓的目光，撰写了长达1800字的、风格上完全是唐朝古文的、之前不存在的中文文章的？更何况这文章里面引用了不多见的典故、当时当地的情况、干支纪年的时间并且没有出现抵牾之处。如果要造假，必然只能是由一个饱读诗书、学富五车的中国人联合耶稣会传教士作伪。非但如此，造假者还得懂得在17世纪的欧洲鲜为人知的叙利亚文。这批叙利亚文的僧名中有一些甚至是当时都不为人知的。西欧人对叙利亚文的了解，直到18世纪初年时黎巴嫩基督徒阿赛曼尼到意大利留学后才大为提高。阿赛曼尼在中东地区搜集了大量叙利亚文手稿，部分手稿中正好出现了景教碑中的僧人的叙利亚文名。更惊人的是，他们还想办法刻出了假的大型石碑，让中国老百姓恰到好处地把假碑挖了出来，甚至让地方官员见了非但没有起疑，还送到了附近的寺庙保护起来。

早期新教传教士普遍对景教碑的真伪存在很大疑问，部分得归咎于新教和天主教关系不佳。早期将景教碑引介给西方的传教士多属于天主教耶稣会，在新教人士看来，耶稣会此举或许别有目的。利玛窦苦寻不获的早期基督教的在华证据，竟然就这么以一块巨大的石碑的方式无可辩驳地出现了。景教碑的存在对耶稣会的帮助太大了，而且出现的时机恰到好处，这等美事好得不像是真的。然而 19 世纪毕竟是科学和理性逐渐占据上风的时代，宗教的重要性和对人的影响大大降低。虽然对景教碑最有兴趣的似乎仍然是传教士，但是这批传教士对景教碑的研究方法开始趋于科学化。

首先是景教碑存不存在的问题。19 世纪后期，新教传教士韦廉臣（Alexander Williamson）和伟烈亚力（Alexander Wylie）先后亲自赶赴陕西考察。毫无疑问，景教碑仍然耸立在金胜寺原址，石碑确实存在，耶稣会并没有撒谎。在进一步考察后，这两个人都得出景教碑无疑是唐朝真品的结论。这块碑是唐朝景教徒活动留下的珍贵遗迹，具有极高的历史价值。此时，尽管出土已久，景教碑却仍然保存完好。

和许多历史上的著名古碑或不见踪影或字迹已经漫漶不清不同，即便在出土几百年后的今天，景教碑仍然保存完好。这块古碑今天仍然在西安碑林展出，只要你愿意，大可以像几百年前的金尼阁、张赓虞那样前往考察。假如去一趟西安还是有些不便，也大可像李之藻那样通过拓片钻研。按照目前中国文物保护的规定，宋朝以前的石碑不准拓印以免损坏，但是景教碑历史上存在许多质量极好的拓片，复印本可以轻松购买到。对景教碑的拓印至少延续到了 20 世纪中期——抗日战争时景教碑的拓片曾经以每张至少 100 美元的价格出售以换取军费。

  景教碑能保持如此良好的状态得多亏清朝陕西巡抚毕沅。毕沅在任期间对陕西各类地上文物进行全面考察研究，登记立档，尤其是对陕西帝王陵墓多有保护举措，如汉朝和唐朝诸多帝陵前至今还有毕沅所立的标识性石碑，统称为"毕沅碑"。虽然毕沅碑中有些属于张冠李戴，但是难以否认这位出身江南水乡苏州的状元郎确实有着在当时来说颇为超前的文物保护意识。我们今天看到的不少关中文物和碑刻都仰赖他的保全。毕沅在任时重新修整了西安碑林，用以集中保存古碑。当时景教碑仍然保存在金胜寺原址，但经过一个多世纪的风风雨雨，景教碑的碑亭已经倾颓，如果放任不管，很可能会导致石碑在风吹雨淋下迅速风化。毕沅为景教碑重建了碑亭。可见即便在文物遍地的关中地区，景教碑也算得上是重要文物了。

  1859 年，毕沅修建的碑亭也已经垮塌，此时杭州人韩泰华在陕西做官，访古到此。看到石碑依然完好但碑亭倾颓，韩泰华重新修建碑亭加以保护，同时他还在景教碑上刻下了重建碑亭的过程。作为爱碑之人，韩泰华特意避开碑正面原有汉字的区域，选了侧面来刻字。不幸的是，他对侧面的叙利亚文就没有敬惜字纸式的尊重了，许是他根本没有意识到这些歪歪扭扭的线条也是唐人刻下的文字，韩泰华的"到此一游"正巧刻在了叙利亚文和教士的汉名上，破坏了一些原有文字。

故而在 19 世纪后期，景教碑洗脱了假货冤屈的同时也让西方人忧心忡忡。韦廉臣赴陕西考察是在 1866 年，此时陕西刚刚从一场席卷全省的巨大动乱中稍稍恢复。保管景教碑的金胜寺在动乱中成为一片废墟，韩泰华所修的碑亭也化为乌有。神奇的是，景教碑竟然成功逃过一劫。只是根据韦廉臣当时留下的记录，景教碑的四面杂乱堆砌着碎石、砖块和垃圾，一些寺庙保存的其他碑刻已经遭受了破坏。

此时，现代意义上的文物保护观念已在西方流行。时代的发展让西方人不再那么纠结景教到底算不算正统的基督教，而是开始讨论景教碑是不是应该留在中国。19 世纪时，西方列强热衷于在世界各地搜罗珍贵文物运回他们国家的博物馆，古希腊和古埃及等文明古国的遗迹都以"需要受到更好保护"为名，成批成批地运往西方国家的博物馆收藏。

一开始呼吁需要把景教碑运到西方的是当时在上海的英国人巴尔福（Frederic Henry Balfour）。他给《时报》去信提到，著名的景教碑现在正被快速损坏，中国人民和官员也并不关心景教碑，任其在室外暴露于风吹日晒之下。在巴尔福看来，这块碑应该被运到英国的博物馆保存才是好的。他提出了看似充分的理由：中国政府对保存景教碑毫无兴趣，全中国知道景教的人恐怕不满百人。鉴于目前的保管状态，偷走景教碑是绝对可行的，任何人想要都可以运走景教碑，只需要在好天气雇佣十二名苦力就可以。巴尔福怀疑"是否有人愿意费心动一根手指头"（I question whether any one would take the trouble to lift a finger …）阻止石碑被运走。他援引大英博物馆从希腊帕提侬神庙偷运石雕的先例，主张完全可以效仿。景教碑在大英博物馆陈列比起在一个"肮脏的中国小镇"不为人知、无人看护地烂掉可是要好多了。

巴尔福的主张引起了一些学者的共鸣，其中最出名者当属伦敦大学印度中国文献学教授拉克伯里（Albert Etienne Terrien de Lacouperie），他直接呼吁让英国外交部出面获取石碑。他对这块石碑给出了极高的赞誉，称赞其为最珍贵的石碑，在它的时代独一无二，必须被收入大英博物馆珍藏（It is a most precious monument, unique in its time, which ought to take a place among treasures of the British Museum）。

这位拉克伯里教授本是法国诺曼底人，当时法国经历了大革命之后早就没有了法律意义上的贵族，但是拉克伯里教授自称男爵，全名和称号为 Albert Étienne Jean-Baptiste Terrien de Lahaymonnais Peixotte de Poncel, Baron de La Couperie。实际上拉克伯里的家族是17世纪时从英国康沃尔移居法国的移民后裔，从未被封过任何爵位。他的父亲是个商人。拉克伯里早年赴香港经商，但是很快开始研究东方语言。他的主攻方向是比较汉语和阿卡德语。这项即便在当时看起来也有些奇怪的研究占据了他一生的大部分时间，也让他获得了伦敦大学的教职，其研究的集大成者是一本出版于1887年的书名极为冗长的奇书《中文之前中国的语言——对中国人占领中国之前前中国人种所说的语言的研究》（The Languages of China before the Chinese—Research on the

Languages Spoken by the Pre-Chinese Races of China Proper Previously to the Chinese Occupation）以及 1894 年出版的一本名字更长的奇书《从公元前 2300 年到公元 200 年的早期中国文明的西方来源——或古代中国文化形成时从古代西亚文明中吸取的元素的篇章》(*Western Origin of the Early Chinese Civilisation from 2300 B.C. To 200 A.D. : Or : Chapters on the Elements Derived from the Old Civilisations of West Asia in the Formation of the Ancient Chinese Culture*)。显然拉克伯里教授是副标题的狂热爱好者。

这位教授的"学术研究"相当令人"耳目一新",他的主要理论如下：中华文明实际上是来自古代西亚巴比伦的移民创造的。现代的中国人是四千年前从干旱的中亚地区被肥沃的华夏大地吸引的十几个源自亚洲西南部的、被称为"Bak"的部落的后代,这些先民通过甘肃进入内地,但是被戎人拦截,难以跨过黄河,因此只得向东发展,并在太原以西渡河,在山西和河北西部坐地占领。这群入侵者最终完成对中国大部的占领只是 19 世纪的事情,他们通过创造史书试图遮掩自己是入侵者的事实。汉字则是 Bak 部落在西亚时接触了巴比伦人,是其模仿古代西亚阿卡德楔形文字的产物。在缓慢扩张的道路上,"中国人"把本来的居民打散,造成他们的语言文化碎片化。拉克伯里还认为,他发现了四川西部的嘉戎人语言和分布在中国台湾、菲律宾、缅甸地区的 Toungthu 族的语言有相近之处,而入侵的"中国人"所说的语言则截然不同,属于"乌戈尔语支的某种奥斯恰克语的近亲";"中国人"用的干支系统是某种巴比伦计数系统的衍生。晚年他又把目光投向了《易经》，认为这部作品是一些古代迦勒底（新巴比伦）文献的只言片语的整合产物。

拉克伯里的研究成果让不少当时的西方汉学家尴尬不已。实际上这位大教授汉语水平并不是很高，阅读翻译中文文献时出错是常有的事。尽管他学界风评一般，但是公众对他的理论颇为追捧，甚至在日本都有了一些拥趸。本质而言，拉克伯里应该是有意识地在迎合甚至鼓噪一种思潮：既然中国人本来就是中国的入侵者，中华文化也是从西亚东偷一点儿、西拿一些挪用来的，那么西方人或者日本人入侵中国当然也就"合情合理"了。这也是本身学术能力欠奉的他能在大英帝国顶级学府任教的原因。

窃碑行动

很快，一个更加奇葩的人出现了，他将会具体执行窃碑行动。这个人就是丹麦记者何乐模（Frits Holm）。如果说拉克伯里往自己身上贴金是通过谎称自己是个男爵，何乐模则是撰写了一本多角度吹捧自己的自传。根据自传，他出身不错，父亲是一个叫 Frederik Holm 的总领事。他 14 岁加入丹麦海军，19 岁退伍后成为一名记者，随后被派驻远东，担任各种要职，取得了一大串的成就，获得了一大串的荣誉。荣誉数量之多，让人只能感叹，假设不是他自我美化夸张虚构的话，那他真是天纵英才，绝非池中之物。当然别人信不信何乐模有没有那么厉害无关紧要，他可是成功获得了美国印钞公司主席女儿的芳心。

没人知道何乐模到底为什么会看上景教碑，我们只知道他自己把窃碑行动视为一生最大的成就。在何乐模的描绘中，他是一个与各路官员和传教士斗智斗勇最终拯救了景教碑的大英雄。根据他自己的说法，在义和团运动之后，人在中国的他听说了景教碑的糟糕现状，因此他在回欧洲时发愿要把景教碑运到西方以利"西方科学界"。如果窃碑不顺，后备计划则是造一个完美的石刻复制品。因此他和大英博物馆一个"有点暴躁的老年馆员"开会讨论。何乐模从未透露这个馆员究竟是谁，这也是他的一大性格特点——但凡有可能，他总是会隐去别人的名字，以防止别人来分走属于他的光环。

这位老馆员对窃碑行动成功的可能性并不抱乐观态度，而且对做一个复制品是不是有价值非常怀疑。不过假设真的做成了，大概大英博物馆或许还是可以接收并竖立展陈。

尽管算是出师不利，但是伟大的"文物保护者"何乐模还是向更多的相关人士咨询，其中最重要的可能是美国纽约大都会艺术博物馆馆长克拉克（Sir Casper Purdon Clarke）。何乐模也从伦敦和纽约窃碑行动的支持者那里融资成功。1907年4月，何乐模抵达北京，随即于5月2日动身前往西安，从北京到西安他走了一个月。此时关中地区到处都是以抢劫为生的刀客，治安情况不容乐观，不少西安市民甚至觉得近在咫尺的临潼都是去不得的。显然何乐模并没有碰上什么麻烦，6月10日，他第一次真的见到了心心念念的景教碑。

此时的计划当然是获取原碑。之前在战火中被摧毁的金胜寺此时已经重建，住持是一个在寺里住了 50 年的叫玉秀的和尚。

若是说清政府完全对景教碑不闻不问可能也不尽然。在传教士的呼吁下，1891 年，总理衙门给陕西下拨了白银，用于修缮景教碑。经过层层雁过拔毛后，抵达陕西用于修缮的银子还剩 5 两，堪堪够修一座挡雨的篷子。不过在何乐模拍摄的照片中，此时的景教碑完全暴露在室外，那个篷子不见踪影，据说这是因为经费实在太低，修建的碑亭撑了一年就被雨水淋垮了。总而言之，老和尚对景教碑并无兴趣。何乐模只是拜访了几回，送了点儿小礼——妆佛用的丝绸和一个放大镜，此时放大镜在陕西可是新鲜玩意，价格高昂，老花眼的老和尚非常开心，很快就被"攻略"成功。

此时更大的麻烦来了，当地官员出面阻止了何乐模的窃碑行动，显然之前巴尔福认为没人会阻拦运碑是错估了形势。何乐模认为这些官员觉得碑是属于他们的私人财产而非中国的国家财产。但是显然这些地方官可不是能像老和尚那样用个在洋人眼里一钱不值的放大镜就能打发的。此时何乐模已经被盯上，金发碧眼的他又不可能隐秘行事，因此他决定启动备选计划——复刻。

这时何乐模为了掩人耳目，自己躲在幕后不再前去金胜寺，但是他租下了金胜寺附近的一个牛棚。何乐模雇人把一块巨大的石头运了进来，这块石头采自富平县的采石场，和真的景教碑同出一个坑口。可能是为了避免让人发现自己和石材的关联，也不愿意惊动城内的官员，从富平回到金胜寺时，何乐模特意绕道避开了西安府城。一队当地石匠则去拓印了原本的景教碑，随后开始进行复刻。主要的石匠有两位，一位负责复刻碑首和叙利亚文部分，另一位则负责复刻汉文碑文。不分昼夜加班加点后，这个石匠团队仅用了11天就完成了复刻任务。

何乐模对石匠的技术赞叹不已，他发现石匠用来刻字的凿子几乎只有针那么大。复刻石碑采用的是中国普遍使用的一种方法：先用朱砂描摹，再行凿刻。复刻的精确性让何乐模啧啧称奇，就连原碑上的一些风化痕迹和边缘的缺口都被完美复制了。更棒的是，包括石匠在内的陕西当地劳工物美价廉，总共花35英镑或150两白银（差不多相当于21世纪20年代初的5万元人民币不到），就可以包下四个月的时间。

在石匠们认真工作的同时，何乐模为了掩人耳目离开西安前往汉口。这段路程需要翻越秦岭。何乐模可能在秦岭出现了高原反应，头痛欲裂，只能坐着轿子被抬着走了一段。大约两个月后的8月底，何乐模回到了西安，此时复刻品已经完成。

不过10月3日，何乐模准备出发了。地方官员可能是觉得这个一直瞎转悠的洋人是个祸害，此时他们已经把景教碑从金胜寺拉到了西安城里的碑林保管。何乐模自吹这是他的功劳，并且正是因为有他的存在，这件无价之宝才能被妥善保管，免遭风吹日晒和失窃。他仿佛完全忘了自己就是那个行窃的人。假如何乐模再晚些年趁着民国时期军阀混战去金胜寺窃碑，搞不好真有可能成功，但是要想把一块这么大的石碑众目睽睽之下拉出位于西安城里的碑林那可真是天方夜谭了。在景教碑送入碑林之后，再未有人动过窃碑的心思，哪怕在民国文物疯狂流失时亦是如此。就这点来看，可能何乐模的自夸倒也不是完全没有道理。

不过既然窃取原碑已经成为奢望，何乐模让11个苦力把重达2吨的复制品抬上了6头骡子拉的大车一路缓缓东行。石碑被毯子盖住，以免被人发现运的是什么。但是很快毯子就磨破了，露出了石碑，这让何乐模遇到了一点儿小麻烦。他干脆请来当地官员一同观看，官员对何乐模带走复制品仍然心存疑虑，不过一番口舌之后，何乐模还是成功说服官员。

地方官的谨慎情有可原，尽管何乐模在后来不断粉饰他的复刻是为了科学研究，但是按照常理来说，一场盗窃行动中制造赝品的目的就是偷梁换柱换走真品。根据此时中国的文件，何乐模给玉秀和尚的可不仅仅是一点儿丝绸和一个放大镜，他给了玉秀和尚3000两白银。如果计划成功，他本来是会用复刻的石碑替换走真正的石碑的。这也解释了为什么何乐模要反复确保复刻的石碑要一模一样，就连边缘的缺损也得雕刻出来，只有这样，这个大胆的偷天换日计划才能实现。不过让何乐模没想到的是，由于他的动静实在搞得太大，在他返回西安取复刻碑时，陕西巡抚派遣擅长英语的陕西高等学堂教务长王猷跟何乐模交涉，要求解除他和和尚的密约，只允许运送复制品出境，这才有了后来景教碑移进碑林保存的事。

东行的道路比预想得更加困难，这么大的目标不管是沿途官员还是绿林好汉都不可能视而不见。大约是因为一块大石头实在是卖不了钱，刀客们也并未为难何乐模。在抵达郑州之后，复制的景教碑坐火车前往上海，并在上海装船出海。此时，一个意外发生了，石碑在上海装船后，驶向了前往美国而非英国的航线。

何乐模从未解释过为什么石碑没有按照原计划运往伦敦。最大的可能性是大英博物馆并不想要一块复制品，而大都会艺术博物馆可能是唯一愿意接收复制品的博物馆。何乐模并不是真的纯粹出于一腔热血不计成本地奉献，对他来说，窃碑行动也是一门生意，需要找到买家。然而克拉克馆长并不想买下复刻景教碑，他只同意暂时"租借"，把复制品放在博物馆展览。这样的安排可能可以让某个参观的富豪大发善心决定买下再捐赠出来。何乐模也并没有单纯被动等待买家出现，此时通过在《纽约时报》等主流大报宣扬自己的大冒险，何乐模也得以接触到了当时的一些顶级富豪名流，如大都会博物馆董事会主席、金融家摩根以及资本家和慈善家卡耐基，不过他们都对购买何乐模的复制品缺乏兴趣。

何乐模对此大为不满，他声称尽管现在任何人都能在工作日免费欣赏景教碑，在休息日也只用花 25 美分，其中不少还是远道而来的贵客，但是无人愿意出钱把景教碑买下。对此克拉克馆长早就解释了为什么不愿购买景教碑：在他们看来，景教碑的历史价值远远高出艺术价值。然而几百年前碑文的精确拓片和翻译就已经完成。这块石碑在西方世界实在是太出名了,早在石碑发现不过三四十年后的17世纪40年代,已经有了至少8份石碑的外语译本。等到何乐模窃碑时,景教碑已经被翻译了不下40回。虽然译本可能存在良莠不齐的问题,但是大体而言,何乐模的复刻碑对研究景教碑可以说是多此一举的行为。因此对于大都会艺术博物馆,这块石碑作为艺术品无甚价值。

当然更大的问题还在于,何乐模的复制品本质而言是个"西贝货"。景教碑的真品还好端端地竖在西安,这无疑让复制品的地位非常尴尬。何乐模不断强调复制品从材料到工艺和原碑多么一致,他甚至用放大镜比对复制品和原碑拓片,发现文字上没有任何一处错误,用卡尺来测量比较,发现误差在一毫米上下。但这只不过说明了他的复制品不是拙劣的假货,而是几可以假乱真的A货。

何乐模并没有意识到问题所在,或者说他即便意识到了也并无其他法子。他的应对策略是反复强调复制品和原品的相似程度,不过这些自证造假的说辞并没有说动西方各大博物馆和富豪。何乐模陷入了尴尬的处境,这个当时不到30岁的年轻人的东方大冒险带回来了个没人要的大家伙。当然又一次,公众的反应和学术界还是有所不同。在学术界看来,复制这么一块大石碑和搞个拓片对研究来说没有本质区别。但是对于公众来说,一个西方冒险家从古老的东方古国带回来一块两人高的石碑当然比带回几张早就有人带回过的写满看不懂的字的纸要震撼多了。何乐模的东方大冒险让他暴得大名,甚至阶级跃升,抱得美人归。然而复制品无人问津的核心问题仍然存在。

在多次巡回演讲畅谈他的东方大冒险之后，何乐模成功地通过一个意外的途径挽回了一些损失。他让人给复制的景教碑石膏翻模，制作了一批石膏版的再复制品。令人意想不到的是，这些从假货翻出的再复制品的命运竟然会比假货好得多，这批石膏复刻碑有的甚至进入了耶鲁大学和巴黎吉美博物馆。相对于明显就是赝品的复制品，石膏再复制品或许是因为材料工艺都不一致的缘故，原创性反倒更高，加之西方早有石膏翻模复制雕像的传统，他们对这批再复制品的接受度反而要高一些。

但是此时变故再次出现，对复制品充满恶意的大都会博物馆通知何乐模，他们将不再租借景教碑。何乐模试图把景教碑送进位于华盛顿的国家自然历史博物馆的"民族学"区域。如果成功，景教碑可能会和非洲木雕、南美毛毯之类的物品为伍，显然此时何乐模的野心已经大大降低。不过此时终于有一个显贵愿意把他从窘境中拉一把。按照何乐模一贯的习惯，他并没有透露这位名媛的姓名。通过其他途径可以得知，这位救他于水火之中的贵妇为 Julia May Leary，是纽约富商 George Leary 的夫人，一位天主教徒。在购买复制景教碑之后，人脉很广的 Leary 夫人决定把景教碑赠予教皇。于是景教碑再次从纽约出发，跨越大西洋，通过热那亚，于 1916 年 11 月 26 日抵达罗马。这时何乐模终于迎来了他人生的高光时刻，他受到了教皇的接见。教皇赐予 Leary 夫人"圣石碑女士"的头衔，何乐模也跟着沾光受封为"圣西尔韦斯特骑士"。在经过了漫长的九年之后,复制景教碑终于脱手,收藏于梵蒂冈民族博物馆。

　　有意思的是,20世纪以来,随着西方社会愈加世俗化以及东西方文化的深度接触,西方人对景教碑的兴趣大大下降。景教碑从中国的代表沦为一件普通的唐代文物,西方关于景教碑的争议也少了许多。与之相反,中国人对景教碑的研究却愈加深入了。值得庆幸的是,这块古碑成功躲过了19世纪以来的历次浩劫,最终留在了中国的土地上。

长安和洛阳的加百列

由于年代久远，加之为了传教便宜行事，景教对基督教人物和概念的翻译和我们今天熟悉的大相径庭。如景教碑文里对上帝的称呼为阿罗诃，在唐朝的中古汉语里，这个名字的发音大致是 Alaha（意思前文已经解释过）。今天基督教说的救世主"弥赛亚"在景教碑文里称作景尊"弥施诃"，大约读音为 Meshiha。

中古时期的景教传播路线自西向东，长安的景教徒绝非唐朝仅有的景教徒，他们在敦煌也有活动。1907 年，著名的探险家兼文物大盗斯坦因来到敦煌。他在敦煌莫高窟发现了一个封闭的洞窟，里面藏有 5—11 世纪留下的大量经卷、绘画和文物。令人啧啧称奇的是，里面居然还有一部景教经典《序听迷诗所经》。《序听迷诗所经》里面出现了"末艳怀孕，后产一男，名为移鼠"。所谓"末艳"，在此时的中古汉语发音大略为 mat-jem，即圣母玛利亚。中东地区的语言中，玛利亚一般都有 -m 的尾音，但是传入希腊语以后，则出现了不带 -m 的 Μαρία（María）。"移鼠"则是对耶稣最早的中文翻译。以《序听迷诗所经》翻译的怪异程度看，很可能译者要么汉文水平一般，要么对景教并无好感，只是受雇办事。

景教碑是景教徒自己所立，如此"大不敬"的翻译自然不会出现。相反，可能由于景教徒久居长安，受到中国文化的熏陶，景教碑的中文部分行文典雅，中间出现的人名、官职名看起来仿佛就是一个唐朝常见的佛教僧团。在景教碑上的 70 多位景教僧侣中，地位最高者之一应该是"卿赐紫袈裟寺主僧业利"，除了法名稍显不寻常之外，他就是一个得道高僧应有的样子。

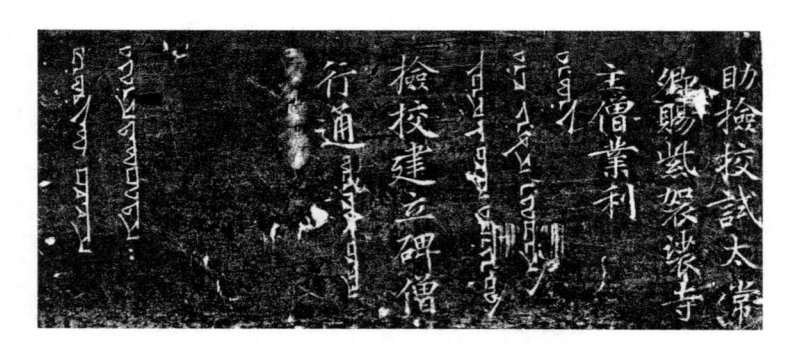

景教碑拓片下部（局部）

业利的真实身份只有在叙利亚碑文中才得以体现。这行中文碑文对应的叙利亚文部分则是：

Gbry'yl qšyš' w'kydyqwn wrš 'dt' dkwmd'n wdsrg

以上叙利亚文的意思是"Gbry'yl，长安和洛阳神父、总执事及寺主"。既然担任大唐最重要的两都总执事，那么这位僧业利恐怕是当时中国景教的头面人物。

根据景教碑自述，此时叙利亚东方教会地位最高的是居住在巴格达的法主僧宁恕。实际上宁恕在780年逝世（景教碑立于781年），过远的交通距离使得中国的景教徒们尚未听说教主去世的消息。以这样的信息传递条件，位于巴格达的教会自然不会直接对中国有多少直接的控制力，中国的景教会日常教务基本只是独立运作。

有意思的是，在这条叙利亚碑文中出现的三个专名均大有名堂。首先是业利的本名。Gbry'yl其实就是叙利亚语对天使加百列（Gabriel）的称呼，这是中东地区非常常见的男名。用"业利"来翻译Gabriel是个很典型的、基于当时长安话的音变。唐朝中后期，包括长安话在内的中古汉语西北方言发生了鼻音塞化的音变，即本来的鼻音m、n、ng分别变成了b、d、g。此时，日本人正热衷于向长安派遣遣唐使，这些遣唐使学习的长安话后来成为日语汉音的基础。现在的日语汉音就充斥着诸如万（古声母为m）读ばん（ban）、泥读でい（dei）之类的源自唐朝长安话的声母塞化。

在后来的语言演变中，多数鼻音声母并未发生鼻音塞化的华北东部方言占据了优势。不过今天陕西、甘肃以及山西的一些方言仍然有m、n、ng发音近似b、d、g的特点。但是就算普通话里也有鼻音塞化的痕迹。今天普通话的r声母就是由历史上的介于n和ng之间的鼻音ny塞化而来的，这也是为什么普通话的r会和部分南方方言的ny对应（参考上海话"人"读nyin）。因此"业"在景教碑时期的长安读音大概就是 Giap，"业利"就和 Gabriel 对应。

更有意思的则是景教碑分别把长安和洛阳拼写为 Kwmd'n 和 Srg。叙利亚文 w 既可以表示辅音，也可以表示元音 u，这里显然是 u；' 既可以表示元音 a，也可以表示喉塞音（即喉咙收紧闭塞气道的音，如突然大声喊"啊"，在发出 a 前就有喉塞动作），由于 Kwmd'n 的 ' 位于两个辅音之间，显然应该是 a。Kumdan 的发音和长安实在相差过远，不可能是汉语"长安"的对音。Srg 也和洛阳相差有点大，由于叙利亚文有省略元音的习惯，如果补上则洛阳应该是 Sarag。

这两个名字并不仅仅景教使用，唐朝时把长安叫 Kumdan、洛阳叫 Sarag 似乎在和唐朝有接触的外国人中非常常见，甚至一些学过外语的中国人也知道二京的别名。如唐朝有本名为《梵语杂名》的书，作者是不知名的僧人礼言。这是一本教中国人学梵语的小词典，大概是给出一个汉字，然后给出这个字对应的梵语词的音译以及悉昙梵文的拼写。这本书中，"中国"的梵语注音为"मध्यदेश（么驮也泥舍/madhya deśa）"，即字面意义上的"中央之国"。在印度，这本是中天竺的称呼，因为《梵语杂名》是中国人所作，也就按照中国的语言习惯了。

这本书中也给出了一些中国地名的梵语名，不少和中文名对不上号，譬如"吴地"和"蜀地"分别为 पारवद（播啰缚娜/Paravada）和 अमृदु（阿弭里努/Amṛdu）。非常有意思的是，这本书里面"长安"叫作 कुमुदन（矩亩娜曩/Kumudana）。另一本可能是伪托唐朝著名僧侣义净的唐朝梵语教材《梵语千字文》中把"洛阳"翻译为 सरग（娑啰诶/Saraga）。

这两个称呼还可以追溯到更古老的年代。前述粟特商人在永嘉之乱时写给家乡的信件中就提到了长安和洛阳的境况。粟特商人惊恐地提到，洛阳和邺城都没有了（被摧毁了），长安则被匈奴人占据。这封信应该写作于公元313年，这一年，南匈奴刘聪杀了晋怀帝，石勒派石虎攻打邺城。信札中把长安称作 ᚪᚷᛞᛟᚾᚷ（'xwmt'n），洛阳则被叫作 ᛋᚱᚣ（Sry）。粟特文的 x 是一个擦音 /x/，类似汉语拼音 h。相对后世的类似词，长安的名称最前面多了一个元音。希腊文材料中也出现了长安和洛阳，提到长安的是7世纪东罗马帝国史学家狄奥菲拉克特·西莫卡塔（Theophylactus Simocatta）的《普世史》，里面长安写作 Χουβδάν（Chubdan），此时希腊语的 X 也读 /x/。希腊语拼写对元音的描述相对准确，可见长安当时在外语中确实叫 Khumdan。

一种说法认为 Khumdan 来自秦朝首都咸阳。咸阳和长安都在关中地区，距离很近，将它们看作一座城市的不同城址也未尝不可。今天普通话里声母为 y 的一部分字在上古时声母还是 l，譬如汉朝人曾经把 Alexandria 翻译成乌弋山离，弋对应外语的 lek，这也解释了为什么"粟特"早期曾经翻译为"粟弋"。阳也是其中的一员。"阳"的繁体字写作"陽"，和"湯""蕩"共用一个声旁，可见这几个字古代声母的关系。可能 Khumdan 本出自粟特人对咸阳的称呼，粟特语里并无 ng，因此当时汉语的阳（dang）就被翻译成了 dan。另一种可能的解释是 Khumdan 实际上是"禁中"。长安长期为中国首都，因此有了"禁中"的别名。虽说这些说法都有各自的道理，以目前的研究，仍然难以判断 Khumdan 到底是怎么来的。

Sarag 的后半部分有可能就是"洛"字本身。今天的粤语仍然把"洛"读为 lok。中古时代洛的韵母是 ak，洛在当时读 lak。这个读音完好地保存在越南汉越音（今天越南人读汉字所使用的读音就是汉越音）中，读作 lạc。上古时代，这个字的声母则可能有所不同。

今天汉语的声母 l 在中古时代也读 l。从中古到现在，这个声母非常稳定，只是一些方言发生了 n、l 混淆的音变。然而越南语反映，上古汉语这些字的声母很有可能是 r。越南语历史上多次引入汉语借词（至迟从汉朝开始），最主要的一次是中晚唐引入的汉越音。和日语或者朝鲜语不同，越南语明确区分 r 和 l。今天普通话读 l 的字，在中古汉语以及越南语中几乎读 l。更早期的越南汉借词则有读 r 的现象，如"栏"的古汉越音是 ràn（用于猪栏、牛栏之类的意思上），而其汉越音则是 lan。加上 Kroran 被汉朝人翻译成"楼兰"等现象，可以推测，中古到现代汉语的 l 在上古时代曾经读 r。

因此上古时期"洛"的读音很可能是 rak，Sarag 中的 rag 就是对"洛"的音译。不过 sa 却很难找到合理解释。民国时期，学者岑仲勉推测 sa 可能是对汉语"师"的翻译，即 Sarag 就是"洛师"。这个说法存在语序颠倒的问题。汉语里"洛师"尚说得通（想一想"京师"），但是"师洛"就怎么看都不像中国话了。

另一种可能则由一名古代的地理学家所揭示。主要生活在 2 世纪的埃及学者托勒密（Claudius Ptolemy）大概是古罗马时代最伟大的科学家之一。从其名字看，他应该是希腊人，不过和之前的托勒密王朝并无明显的血缘联系。他提出了地心说，建立了以地球为中心的宇宙模型，给出了日食和月食的计算方法，描述了眼睛和光的关系，讲了平面镜与曲面镜的反射。他的《地理学指南》（Geography）大概是古罗马时代最为领先的地理学著作，描述了当时的已知世界并给出了地图。

难得的是，托勒密在这部著作中提到了中国，写的是 Σηρική（Serice）。除了中国本身外，《地理学指南》记录了从新疆到中原地区的一系列地名，有些和今名还相当接近，如 Κασία（Kasia）就是喀什；有些如 Χάται（Katai）、Χαύρανα（Chaurana）、Αὐξάκια（Auzacia）则不是那么容易找到，分别有可能是和田、楼兰以及温宿。还有些希腊语地名则给一些地名的来源提供了新的视角，如敦煌在《地理学指南》中被称为 Θροάνα（Throana），这个拼写并不像是从汉语"敦煌"直接转化而来，反倒和粟特商人信札中敦煌的名称 ܕܪܘܐܢ（δrw''n）颇为对应，暗示传统说法中"敦煌"地名来自"敦，大也；煌，盛也"可能属于附会之说；张掖的名称 Θογάρα（Thogara）则可能和汉语地名"张掖"属两个来源，并无词源上的关系。

尽管托勒密一辈子没有到过中国，但是亚历山大东征使得希腊人到达了前所未至的东方。托勒密关于中国记载的部分信息出自更早的希腊地理学家泰尔的马利努斯以及一些参与了东方贸易的希腊人。根据托勒密的描述，这个 Σηρική 的首都则是一座叫作 Σῆρα（Sera）的城市。《地理学指南》上提到，马其顿人曾经派遣手下前往 Σῆρα（Sera）。Σῆρα 一定是一座颇有规模的城市，因为这座城市的全名是 Σῆρα μητρόπολις（Sera Metropolis）——metropolis 是都会的意思，只有重要的大城才会用这种称呼。

Σῆρα 城是丝绸之路的终点，也是 Σῆρες（Seres）的首都——显然两者是由一个词根派生来的。Seres 是西方古典时期对已知世界的极东之地的称呼，后者以生产丝绸闻名。譬如古罗马历史上最伟大的诗人之一维吉尔在其长诗《农事诗》里就有一句："uelleraque ut foliis depectant tenuia Seres?"（Seres 人又是怎样从他们的树叶中获得丝绸的呢？）此时古罗马人还不知道丝绸的来源，以为是 Seres 人从树上扒下来的"羊毛"。差不多一百年后罗马学者老普林尼（Gaius Plinius Secundus）的《博物志》（*Naturalis Historia*）里这种奇谈怪论依然被奉为正朔，并且还增加了更多细节。《博物志》说 Seres 人因为他们森林里的"羊毛"出了名。他们把树叶在水里浸一下，然后就可以把树叶表面的白毫毛梳下来，制成的料子送到西方，拆散之后再重新纺织。虫子吐丝其实对罗马人来说并不是多么离奇的概念，在《博物志》的其他章节，老普林尼详细介绍了希腊科斯岛生产的丝绸以及亚述地区的丝绸，他清楚地知道这两种丝绸都是来自虫子吐的丝，但他似乎完全没有把 Seres 人的"羊毛"和虫子或者科斯、亚述

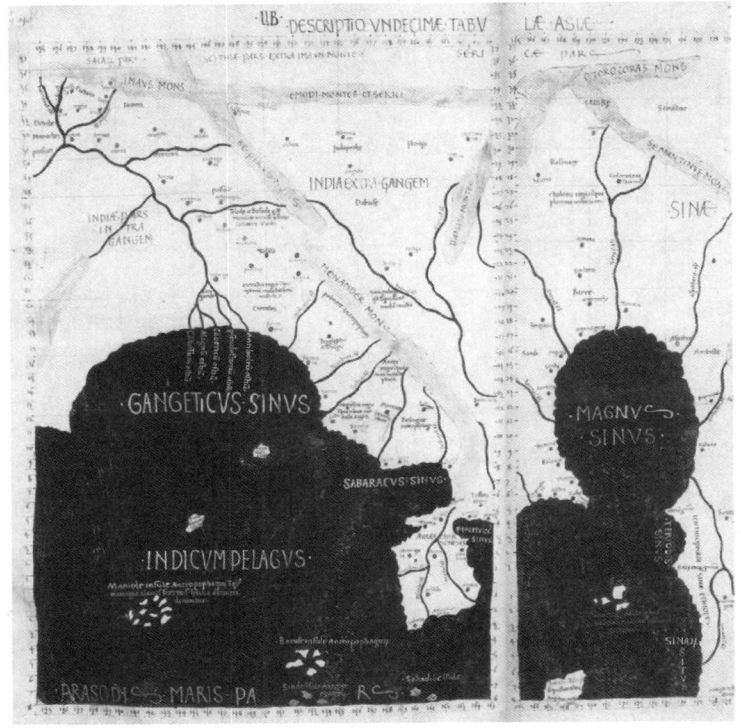

15世纪欧洲人根据托勒密著作复原的世界地图

丝绸联系在一起。这可能是因为，从西亚到南亚不少地区比较初级的养蚕工艺是把蚕集中在桑树上，任其啃食结茧，方便集中收集破茧，以讹传讹之后就变成了 Seres 人是从树上扒拉下丝绸的。又因为这些科斯、亚述丝绸是收集蛾子羽化后的残茧或剪开茧，然后再将断丝纺织，质量远远不如在热水中煮蚕茧、缫丝而成的纤维完整的中国丝绸，因此罗马人没有想到中国丝绸其实也是以蚕蛾吐丝为原料。

3 世纪的罗马地理学家索利努斯（Gaius Julius Solinus）就丝绸的来源给出了和老普林尼几乎一样的故事。他也对卖丝绸的 Seres 人给出了很有意思的描述：

> Seres 人文明，爱好和平，但是避免和其他人打交道，拒绝和其他国家做生意。每次他们过河去和外人做生意时他们都不说自己的语言，事实上他们连话都不说。他们会看一眼然后估价。顺便一提，他们只喜欢卖东西，不喜欢买我们的东西。

吝啬的 Seres 人只卖不买是老普林尼时代就抱怨过的事。此外，还有其他作家声称 Seres 人神神秘秘的，做生意的时候人都不会出现，只会把货物留在某个偏僻的交易地点等贸易伙伴自行完成交易。

尽管有诸多误解，但是 Seres 确实是希腊罗马时期对中国的称呼。而 Sarag 很有可能是由这个词根演变而来。古代希腊语本和汉语一样有诸多不同的方言，但是和古汉语书面语相当标准化不同，古典时代希腊语的书面语采用多种方言。一个有文化的古希腊人得学习多种不同方言。因为按照希腊传统，不同的文体使用不同的方言撰写，如散文就使用爱奥尼亚或阿提卡方言，唱诗则用多利安方言。

马其顿统一希腊并进一步建立亚历山大帝国之后，原本一盘散沙的各希腊城邦方言开始渐渐形成较为统一的书面语言。马其顿本身是说古希腊语的多利安方言的，但是由于古希腊文化中更强势的是说阿提卡和爱奥尼亚方言的雅典、爱琴海上的诸岛屿以及以弗所等小亚细亚城邦，通用希腊语也就以阿提卡–爱奥尼亚方言为基础。爱奥尼亚和阿提卡这两类方言的一大特征是，早期的希腊语的长 ā 变成了 ē（长 ē 以 η 来表示）。Σήρα 也属于会受到这种音变影响的单词之一，假设把它复原回去，则应该是 Sara（尽管实际上 Sera 中的 e 并不是 a 变的）。

从 Sera 变成 Sara 或许还有更简单的解释。希腊语和伊朗语同属于印欧语系，算是沾亲带故的关系。但是早在上古时期，伊朗语就发生了 e → a 的音变，而古波斯语没有 e，只有 a。另一种地中海东岸的重要语言叙利亚语属于亚非语系，和阿拉伯语是亲戚，亚非语系的语言元音普遍比较简单，多以 a、i、u 为主。Sera 在伊朗语和阿拉姆语转化为 Sara 也不足为奇。问题在于 -g 是怎么来的。

汉朝对西域地名和族群名的翻译有个非常有意思的特征，即用 -k 尾入声的名字奇多。譬如印度当时就被翻译成"天竺"，竺在汉朝的发音大约是 /tuk/。

这个翻译其实本来出自伊朗人对印度河的称呼 Hinduš。以今天普通话和绝大部分汉语方言的读音来说，用"天"来翻译"Hin"显得有些奇怪。但是在景教碑的时代，有一种和景教同时存在的外来宗教——祆教。也有人曾经认为景教是祆教的一种变体，《四库全书》就出现了把景教和祆教搞混的事情，这大概是唐朝时祆教势力较大而景教知名度不高导致的。

景教徒本来多在萨珊波斯活动。尽管如此，他们在萨珊波斯也算不上主流，萨珊波斯的官方信仰仍然是祆教。祆教堪称是古代伊朗人的民族宗教，早在和古希腊斗争许久的波斯帝国阿契美尼德王朝时就已存在，大体上是一种二元论的宗教，有代表光明的善神阿胡拉·马兹达以及代表黑暗的恶神安格拉·曼纽。它主张，世界和人都是由阿胡拉·马兹达创造的。阿胡拉·马兹达还创造了元素，其中最为重要的是水和火，两者都是纯净的象征，火还是灵感与智慧的媒介。因此祆教对火尤其崇拜，教徒进行宗教仪式时一般都会燃起圣火。正是这一特征，使得中国人给祆教起了拜火教的俗名。最早提到祆教的中国文献，把这种宗教称为火祆教。

所谓火祆，其实本质上就是火神的意思。祆无非是天的一种特殊写法，"火祆"就是"火天"。"天"在华夏文明中有着至高的地位，中国人一向用天来指代神祇，如佛教中也有二十四诸天。入华伊朗人大概也是取了这个意象，把祆教的主神称呼为火祆，也称胡祆。整个宗教称为祆教，用天教之名象征这种宗教的崇高，跟后世所谓"神教"大有异曲同工之妙。"祆"本来源于"天"的一个地方性读音。大约在东汉时，汉语有东、西两个大方言，东部方言主要分布在沿海的青州和徐州一带，中原及其以西则主要使用西部方言。因此两汉的都城长安和洛阳应该都属于西部方言的地盘。根据东汉一部解释词源的作品《释名》的说法，此时东、西两大方言中"天"的读音有较大不同。《释名》的原文为："天，豫司兖冀以舌腹言之。天，显也，在上高显也。青徐以舌头言之。天，坦也，坦然高而远也。"意思是在豫、司、兖、冀州，即今天的中原和关中地区，"天"的读音发音位置很靠后，和"显"接近；但是在青州、徐州一带，即今天的山东半岛和江苏安徽北部，"天"的读音则是以舌的头部发出来的，位置靠前，读音和"坦"接近。

在上古时代，西部方言的读音应该一度是更有势力的标准音。虽然汉朝时翻译的"天竺"基于西部方言，以中古时代的记录和今天各地汉语"天"的读音来看，东汉以来在"天"的读音问题上则是东部方言占据了优势，成为中古汉语"天"的标准读音。但或许是由于古代信仰祆教的人多是从西域来的伊朗系民族，尤其是祖籍中亚河中地区的粟特人，他们因为是从西面入华，最先接触到的是上古汉语的西部方言，因此"天"的这个西部方言的读音在粟特群体中长期流传，最终形成了和"天"相区别的"祆"字。加之"祆"字相对冷僻，反倒是传统的中原方言的读音保留下来，演变为中古汉语的 hen，最终变成了今天普通话的 xiān。今天几乎所有的汉语方言都继承了上古汉语东部方言"天"的读音，不过上古西部方言"天"的读音并未完全灭绝。云南大理的白语作为汉语最近的亲属语言，颇有可能是一支在云南发展起来的上古汉语分支，因此白语中有大量上古汉语的残留，而在这种语言里，把"天"说成 hen（/xẽ⁵⁵/），就保留了上古汉语西部方言的读音。和"天"有类似演变的还有"汤"，这个词在白语里说作 han（/xã⁵⁵/），同样继承了上古汉语西部方言的读音。

相比景教，祆教在唐朝更有势力一些。中国的祆教信众以粟特人居多。粟特人作为伊朗人的一支，以善于经商闻名。张骞通西域以来，大批粟特人移居中国，构成了中国祆教徒的主体，也因此中国境内与祆教有关的人物大多数都属于所谓的昭武九姓，有中亚粟特血统，姓氏为安、史、康、石、米、曹、何等。与其他宗教不同，在中国的祆教徒并不热衷传教，因此极少有本土的中国人信仰祆教。

如前所述，"天竺"这个译名本是来源于南亚次大陆西北面的大河印度河。这条河在印度梵语中的本名是 सिन्धु（Sindhu），今天巴基斯坦信德省的名字就来源于此。不过中国古代跟印度并未有直接接触，早期对印度的了解主要是通西域时通过中亚地区居民间接得来的。当时中亚居民普遍说伊朗语族的语言。古印度的语言和伊朗的语言本是近亲，但是仍有些语音方面的不同，其中一条就是伊朗的语言会把印度语言的 s 转化为 h。如佛教术语阿修罗在梵语中是 Asura，但是在古伊朗阿维斯陀语中则对应祆教主神阿胡拉·马兹达中的"阿胡拉（Ahura）"。因此，古代波斯人称呼印度河为

Hinduš。古代伊朗民族和印度民族的分布大致以印度河流域为界，伊朗人就以这条大河命名印度和印度人。可见，尽管"天竺"和 Hinduš 上古读音很接近，但是 Hinduš 原词并没有汉语"天竺"的 -k 尾。同样，中国人翻译的粟特或者更早的粟弋，"特"和"弋"也都是 -k 收尾的入声字。粟特地区的本名在粟特语中就是 swγδ，并没有显示末尾有 -k。

　　汉语中这个神出鬼没的 -k 其实本质上仍然来自古代的伊朗语。伊朗语自古就有一个派生形容词的后缀 -ka，因此 Hinduš 可派生出 Hinduka，意思就从本来的印度河变成了"印度的、印度人"。这个后缀在后来的伊朗语中又发生了一些简化，如在中古波斯语变化为 -(ī)g。到了今天，这个后缀在波斯语仍然很常用，只是读音发生了变化，变成了 -ī。今天"波斯语"称作 Fārsī，但是中古时期"波斯语"就叫作 Pārsīg。

　　-k 这个后缀在各伊朗语中都很常用，譬如粟特语里作为区域的粟特地区是 swγδ，但是当作为"粟特的、粟特人"之用时就写成 swγδk。中古之前这一时代中国人听到的关于西域各国的消息，可能主要是关于民族群体而非纯粹的地域的情况，因此在中国流传的西域各国的称呼以这种形容词形式出现的词居多。不光是"天竺"，更早的翻译"身毒"也是以 -k 结尾。后来由于"天"字的读音改变，"天竺"的读音和听来的地名的发音实在差得太远了，因此玄奘法师在唐朝时提出了"印度"的新翻译，这个翻译就没有加上形容词后缀了。本质而言，Indu 也并非印度人的自称，而可能是西域地区源自伊朗语的"印度"称呼以 Indu 的形式反借回梵语。

起初 Σήρα 或者 Sarag 不一定只是指洛阳，托勒密只是说 Σήρα 是 Σῆρες 的首都。Sera 全名 Sera Metropolis，就其本质而言，意思就是"Seres 的首都"。至于这座城市到底位于历史上哪里，则一直有好几种说法，有人主张是洛阳，也有人主张是长安，甚至还有人主张是兰州或者敦煌。东汉时期中国的首都在洛阳，不过之前的西汉则以长安为首都。

托勒密生活在埃及亚历山大港，对于远东地区的描述往往时间滞后，光凭是中国首都这一信息未必能可靠定位到洛阳。有意思的是，托勒密的作品也给出了 Σήρα 的经纬度，他给出的经纬度为北纬 38 度 35 分，东经 177 度 15 分。托勒密的纬度跟现代一样以赤道起始，但是经度的 0 度线并不是像现在那样穿过英国格林尼治，而是以穿过大西洋上的"幸运岛"（"幸运岛"属于神话传说中的岛屿，一般认为原型可能是加那利群岛或者马德拉群岛，位于西经 15 度到 17 度左右）的经线为 0 度，不过根据托勒密自己给出的亚历山大港的经度为 60 度 30 分来看，比现代东经要多 30 度余，则 Sera 的经度折换成现代的经度大约在东经 147 度。显然托勒密的计算出了重大错误，按照这个经纬度来看，Σήρα 城只能是在北太平洋的海底，跟中国的任何城市都不沾边，更不要说古都了。这大概是由于当时远东距离地中海世界过于遥远，信息不通，以至托勒密严重高估了亚洲大陆的东西跨度。另一个线索则是唐朝玄奘和尚的传记《大慈恩寺三藏法师传》。这本书记录在今喀布尔附近的迦毕试国有一座叫作沙落迦寺的佛寺："有一小乘寺名沙落迦，相传云是昔汉天子子质于此时作也，其寺僧言：'我寺本汉天子儿作，今从彼来，先宜过我寺。'"这座"沙落迦寺"很有可能就是 Saraga 寺，因曾经住过中国质子得名，可见 Saraga 其实是泛指中国，早期并非一定指洛阳城。但无论如何，经过了东汉到南北朝洛阳长期为都的几百年时间，到了唐朝 Sarag 的指向终于明确到了洛阳城。

现在还剩下一个问题：为什么希腊人会把中国称作 Σῆρες？Σῆρες 是一个复数形式。其单数形式为 Σήρ（Ser），除了偶尔表示单个的人之外，还表示桑蚕之意。正如之前说到的，早在汉朝中国蚕丝就以其优越的质量成为古希腊人和古罗马人竞相追捧的奢侈品。和"瓷"是由中国得名不同，被称作 Seres 的中国，很可能反倒是得名于这种珍贵的东方织物。

更有意思的是，Ser 很有可能还是中国人自己传出去的。尽管中古以来"丝"的读音和 Ser 谈不上有多相似，但是我们周边一些语言提到丝绸都有一些有趣的共性。朝鲜语常用的表示丝绸的비단（bidan）来自汉语，其实是"匹缎"二字，从读音来看，这个词的历史不算久长。除此之外，朝鲜语还有个更早时代就开始使用的실（sil），表示各种丝状物体。这个词在中世纪朝鲜语中就已经出现。宋朝人孙穆出使高丽写下的《鸡林类事》则说当时高丽语"丝曰丝"，应该是中世纪朝鲜语"丝"的原型。朝鲜半岛气候较为寒冷，不大适合桑蚕业，丝绸从中国进口，因此孙穆记载高丽"少丝蚕，每罗一匹值银十两，故国中多衣麻苎"。

这个词在更久远的时代也以汉字的形式出现过。在位于韩国庆尚南道咸安郡，有一座山头上的城池，称作城山山城。咸安郡在古时本属于朝鲜半岛的城邦联盟伽耶联盟的势力范围，后来被邻近大国新罗吞并。咸安郡城山山城出土过一批木简，木简写成的时代大约为 6—7 世纪，比后来的朝鲜文字发明的时间要早了近一千年。大多数木简的作用是当作标签，主要是记录人名、地名、物品名、官职名之类的信息。木简用汉字书写，但是许多汉字在这里只是当作表音符号来使用。这些木简中提到了"糸利"。此时有一个生活在"古阤（郡名）古利村（村名）末那沙见（屯名）"的居民交纳了一石稗作为赋税，他的名字就叫"日糸利"。

考虑到当时的汉语读音和朝鲜语的历史演变，"糸利"在古代的朝鲜语本来应该叫 sili 或者 siri。古代朝鲜语的名词有相当多用 -i 结尾，这一方面是因为古代朝鲜语的名词在语法上区分格，用来当施事主语的名词主格会有 -i 后缀，另一方面是因为朝鲜语也以 -i 词缀来构成名词。这个词缀今天仍然使用，譬如朝鲜语猫头鹰叫부엉이（bueongi），부엉是对猫头鹰叫声的拟音，이就是名词后缀。假如"糸利"的 -i 是词缀的话，那么这个表示丝绸的词的词根就是 sir 或者 sil 了。

朝鲜语的这个读音反映了一个相当重要的事实，即如果这个词确实从古汉语借来，那就说明古汉语的"丝"曾经有 l 或者 r 的成分。遗憾的是，虽然古代朝鲜语很可能区分 r/l，但是从中世纪朝鲜语开始，朝鲜语就不能区分 r/l 了。一些旁证可能可以说明古代朝鲜语曾经把"丝"读成 sir 而非 sil。作为一种可以区分 r/l 的语言，满语就把"丝"称作ᠰᡳᡵᡤᡝ

（sirge）。早年间，满语曾经有一些来自朝鲜语的借词，去掉满语自身的后缀 -ge，丝的词根 sir 就可能是借自朝鲜语。假如丝是直接从古汉语中辗转借入的，则满语和朝鲜语一样都可说明古汉语"丝"的读音可能有 r 的成分。此外，蒙古语表示丝线、纤维的 ᠰᠢᠷᠺᠡᠭ（sirkeg）可能也与古汉语有关系。

综合朝鲜语、满语和蒙古语提供的信息来看，早期"丝"的读音有一定可能会被听成 sir/ser，而产丝的中国人逐渐被对丝感兴趣的西方人称作"丝人"。拉丁语和希腊语一般情况下提到 Seres 多用复数形式，希腊语构词有多种形式，对于希腊人熟悉的地名，构词相对固定，但是对于距离较远、用得不多的地名则标准化的程度要差一些。因此后来也出现了 Σηρική（Serice/Serica）和 Seria 之类的派生形式，前者在东罗马时代是罗马人对中国的日常称呼，是由名词派生出的形容词，派生的 -ca 后缀甚至跟之前所述伊朗语的 -ka 是同源的，基本也就可以理解为"丝之国"。

非常有意思的是，此时的希腊人的认知中，亚洲极东是两个国家，一个是 Seres/Serica，还有一个则是 Σῖναι（Sinae）。两者的共同点是都产丝。希腊罗马时代的西方人一直没有弄清楚 Seres 和 Sinae 其实是一个国家的不同区域。出现这样的认知很大的原因是，从中国通往西方的贸易路线有两条，即现在所谓的陆上丝绸之路和海上丝绸之路。传统上中国北方多走陆路，南方多走海路。到了欧洲以后，欧洲人并不知道陆上和海上的两条贸易路线其实是源自一个国家，就以为 Seres 和 Sinae 是两国了。古希腊人称呼的 Sinae 也是个复数形式，其实这个词本是对这个人群的称呼，和 Seres 可以理解为 Seres 族居住的地方一样，Sinae 也就是 Sinae 人居住的地方。这样的命名方式一般针对离希腊世界较为遥远的区域，因为对地域不了解才会直接以居民命名。

假如相信托勒密的《地理学指南》的话，Serica 和 Sinae 同处于世界极东，Serica 在北而 Sinae 在南，Serica 不临海而 Sinae 南边是大海湾（Magnus Sinus）。看起来这个大海湾是把暹罗湾与南海融合到了一起。Sinae 最重要的海港则是一座名为 Καττίγαρα（Cattigara）的港口，这座港口后来成了很多欧洲航海家梦寐以求的目的地，甚至哥伦布都试图找寻过 Cattigara（他一直以为自己发现的新大陆是印度）。

Cattigara 到底在哪？从名字来看，显然不是中国东南海岸的汉语地名。这个地名可能是翻译自梵语 कीर्ति-नगर（Kirti-nagara/ 名城）或 कोटि-नगर（Kottinagara/ 坚城）。还有一个让这座港口的中国属性较为可疑的特点则是它的纬度——它位于北纬 8.5 度（原书笔误为南纬）。尽管《地理学指南》对于经纬度的算法存在问题，但是纬度哪怕在古代也可以通过观测太阳求得，精确度比经度要高得多，这个纬度对于中国南方的港口城市来说还是过分偏南了。

考古发现在今天越南南部最大城市胡志明市附近的喔㕭曾有过一个繁荣的海港。喔㕭的纬度大约为北纬 10 度，相当接近记载中的 Cattigara 的纬度。在《地理学指南》的时代，这里还并非越南的地盘，而是属于中文史书中的扶南国。扶南人是高棉人的前身，文化上深受印度的影响，因此才会有

Cattigara 这样梵风浓郁的地名。

可能更为古怪的是，托勒密还给 Sinae 安排了一个首都，名为 Θῖναι（Thinae），位于 Cattagara 北边。古希腊语的 Θ，起初的读音类似汉语拼音 t，大约在公元前 4 世纪开始，在有些希腊语方言中，Θ 的读音开始变成类似英语 thing 的 th 的音。到了托勒密生活的年代，许多希腊语方言都已经完成了这个音变，不过这个音变的过程在埃及的希腊语中进展缓慢，因此此时 Thinae 的 th 表示的有可能是塞音也有可能是擦音。看起来是因为古代希腊语的擦音和塞擦音相对贫乏，没有适合表示 /tʃ/ 的发音，只能将就一下，要么采用 s 要么采用 th 代替。两者本来都只是对 China 的音译，但是因为古希腊世界的作者对中国不熟悉，因此后来搞出了 Sinae 表示国家、Thinae 表示首都的分别。

此外，比托勒密稍早一些的作者不明的《厄立特里亚海周航志》，则把中国的首都称为 Θῖναι，把中国称为 Θῖνα（Thina）或 Θινός（Thinos），Thina、Thinos 分别是这个名字的宾格和属格形式，遗憾的是这本书中该词并未出现主格，如果推测主格的话，很有可能就是 Θίν（Thin）。根据该书，Thin 是位于东方的丝绸来源地，毫无疑问指的就是中国，不过作者同时提到去往 Thin 的道路非常难行，绝少有人从那里来。

可能是因为译者自己也觉得 Sinae 和 Thinae 的关系有点可疑，《地理学指南》的拉丁文版本并没有按照希腊借词在拉丁文中的常规拼写规律写作 Thinae，而是写成了 Thyne。古希腊语可以区分 i 和 y，y 的发音为 /y/，也就是汉语拼音的

ü。拉丁语本没有 y，引入 y 本只是为了尽可能忠实还原希腊文的拼写。在罗马人中，大概只有最有文化、最考究的一批人会在口语中区分 y 和 i，大多数罗马人则直接把 y 按照 i 来读。同样，拉丁语中本来的 ae 到了托勒密的时代在俗语中已经简化为 ē，也就是说 Thinae 和 Thyne 在此时的拉丁语中可被当作同音词。大概是为了增添异域风情以及使得 Thinae 不要那么像 Sinae，拉丁文版的《地理学指南》才别出心裁地把 Thinae 的拼写改成了 Thyne。由于是 Sinae 之都，这座城市全名也是 Thyne Metropolis。可惜的是托勒密并未给我们这座城市的更多信息，只是说它位于南纬 3 度、东经 180 度。在托勒密的世界观中这是已知世界最东的位置。这个奇怪的位于南半球的纬度大约是 Cattigara 港纬度的笔误导致的连带错误，如果把 Cattigara 港的纬度纠正为北纬 8.5 度，则 Thyne 的纬度大约在更靠北 5.5 度的北纬 14 度，刨除经度误差，该地大约会落在越南中部海岸，可见对极东方的城市的坐标，托勒密的信息来源并不准确。随着时代推移，Thinae 渐渐退出使用，完全被 Sinae 所取代。今天欧洲语言中关于中国的事物多用 Sino- 作为前缀，譬如汉字文化圈在英语里被称为 Sinosphere，研究中国的学问叫作 Sinology。

让这个问题更加复杂的还有 Cathay 的加入。西方人一度搞不清楚 Cathay、Serica、Sinae 三者到底是何关系，因此还出现了多幅把 Cathay 认定为长城之外的北国的地图。

大秦与摩诃至那

景教碑中明确说"大秦景教",然而大秦到底在哪里本身就是个问题。毕沅在《关中金石记》中对大秦国在哪里做了一番考证,结论为波斯国。然而如果翻找大秦最早的记录,则可能会得出新的结论。

中文中的大秦国最早出自东汉时期。此时甘英奉西域都护班超之命出使大秦,但是甘英最远抵达了安息西海(波斯湾),未能成功抵达大秦。

虽然甘英的使团止步于波斯湾,但是他留下了关于海那头的"大秦国"甚为美好的记录。根据《后汉书·西域传》的记载,大秦国地方数千里,有四百余城,数十附属小国。尤为难得的是,大秦国的国王并不是在家族内部传递的终身职位,而是以贤立王。如果遇到自然灾害,则更换国王。被废黜的国王心甘情愿,没有怨言。大秦国可称得上是宝石之国,出产大量的奇珍异宝。如果甘英的描述完全属实,大秦国堪称人世间的理想国。

以这个国家的地理位置和壮盛程度来看,毫无疑问只可能是当时称霸地中海的罗马帝国。当然甘英可能因为没有真的亲临罗马帝国,道听途说,所以对罗马帝国有着一些脱离实际的溢美。如甘英记录中以贤能上位、被废黜无怨言的罗马皇帝，实际上堪称地地道道的高危职业。从奥古斯都称帝到西罗马灭亡，一共有 77 位罗马皇帝，其中 25 位自然死亡，39 位被谋杀，6 位自杀，5 位战死沙场，1 位被波斯人俘虏后在监禁中死亡，还有 1 位战败逃亡时溺水。整个罗马帝国时期自愿和平退位的皇帝只有戴克里先一人，与甘英描述中如中国上古尧舜禹那样自愿让位、其乐融融的场景大相径庭。戴克里先是 3 世纪晚期即位的罗马皇帝，时代比甘英晚得多，甘英描述大秦国王退位让贤心无怨怼时，实际上还没有任何一位罗马皇帝是自愿退位和平交接的。

尽管甘英已经听说了大秦的许多信息，但是大秦与中国距离过于遥远，此后中国人对大秦的了解也往往限于时断时续的只言片语。同样在《后汉书》中记载，汉桓帝延熹九年（166 年），大秦王安敦派遣使者抵达汉朝，献象牙、犀牛和玳瑁。不过大秦使臣并没有走传统的陆上丝绸之路，而是从"日南"（今越南北部）方向而来，应该是走了海路。

166 年的罗马皇帝是马可·奥勒留（Marcus Aurelius Antoninus），于 161 年继位。前任皇帝为其养父安敦尼（Antoninus Pius，也译作安东尼），马可·奥勒留全名中的 Antoninus 正是继承自其养父。无论使团是养父还是养子派出的，当时的大秦王都确实可称安敦，因此《后汉书》中提到的大秦王安敦可说是记述非常准确了。

古代的罗马帝国为何被汉朝人翻译为大秦一直是个谜团。虽然甘英出使是最早关于"大秦"的史料，但是他没有给出"大秦"这个地名的合理解释。按照《后汉书》的原话，得名的原因是："其人民皆长大平正，有类中国，故谓之大秦。"显然这样的解释并无太大的说服力。古代的罗马人从来没有自称过"秦"。从甘英猜测式的解释来看，在他出使时罗马被称作大秦已经是通行的音译，并非甘英自己的翻译。

　　罗马城位于亚平宁半岛中部的一块肥沃的平原上，这块位于台伯河岸边到齐尔切奥峰脚下的小平原可说是罗马的龙兴之地。早在罗马兴起之前，这片平原上居住的是拉丁部落，罗马人正是拉丁部落的一支。拉丁人说的语言就称为拉丁语，后来逐渐随着罗马帝国的扩张扩散到整个帝国各个角落。拉丁语里面拉丁人称为 Latini，而拉丁人居住的地方称为 Latium。乍看这似乎和"大秦"风马牛不相及，但是实际上如果以汉朝的语音来看，未必相差那么大。中古汉语一部分的 d 来自上古汉语的 l，"大"也是其中一员，加上"大"属于去声，一部分去声在东汉时尚有 -s 韵尾，因此东汉时期"大"的读音接近 las。"秦"的读音则从上古到中古都颇为稳定，读 dzin。"大秦"的读音大致是 Lasdzin。这个读音和拉丁的词根 Latin- 有一定程度的相近。而 ti 是一个相当容易发生音变的组合。事实上，古代的 Latium 地区在今天的意大利语里就演变成了 Lazio（拉齐奥）地区，变化后的读音就与"大秦"更为类似了。

　　不过在唐朝时，大秦则是一个稍微带有年代感的名称。在汉朝到唐朝的几百年间，罗马帝国发生了巨大的变化，由多神教为主变成基督教为主，帝国又发生了分裂，变为东、西两个罗马帝国，其中西罗马帝国在蛮族入侵浪潮中彻底灰飞烟灭。东罗马帝国则顶住了波斯人和阿拉伯人的进攻，到了唐朝仍然是地中海东部地区举足轻重的大国。此时中国人对东罗马帝国的常用称呼已经从大秦转为拂菻国。虽然名称略有变化，但是中国人并没有忘记拂菻国就是汉代的大秦国，两个名字实际指代的是一个国家，《旧唐书》里就明确说拂菻就是大秦。这个名字也有普岚和拂懔的另译。汉语的 f 是中古时期从 p、ph 等声母中分化出来的，因此这几个名字在中唐之前读音应该是相当接近的。

大秦的名字疑似来自"拉丁"，拂菻则比较明确是早期中国人对"罗马"的翻译。乍一看拂菻国似乎和罗马天差地别，实际上这是罗马之名经过多次转译的结果。"罗马"本是罗马帝国发源地——罗马城的地名。罗马地区本说拉丁语，拉丁语中的罗马为 Roma。当罗马共和国和后来的罗马帝国从罗马城开始扩张时，它们仍然直接沿用都城的名字称呼自己的国家，哪怕在罗马帝国迁都之后仍然如此。中国中古时期罗马帝国早已分裂为东西两块，其中西罗马帝国早早在外族入侵中寿终正寝，而以君士坦丁堡为首都的东罗马帝国则继续延续了千年国祚，直到 1453 年被奥斯曼人灭亡为止。东罗马帝国的居民尽管主要通行希腊语，却坚称自己为罗马人。

希腊语中"罗马"的名称 Ῥώμη（Rhṓmē）和拉丁语并无大区别，只是在古希腊语的发音习惯里，位于词头的 r 会带着比较强的气流或整个清化，听上去有 h 的感觉，因此希腊语词首里的 ρ 如果被借用到拉丁语里往往会被写成 rh。罗马帝国以东的语言接触罗马是通过在帝国东部通行的希腊语，可能正是这个附带的 h，导致了当罗马的东邻听闻"罗马"之名时，出现了增加一个 h 的现象。譬如居住于高加索地区的亚美尼亚人，就把罗马称为 Հռոմ（Hrom）。而这个名字继续东传，就会遇上说伊朗语的诸民族，如先后令罗马头疼不已的帕提亚帝国（即汉朝史料中所称的安息）和萨珊波斯帝国，其语言中罗马分别称为 ܦܪܘܡ（Frwm）和 ܗܪܘܡ（Hrōm）。在中古中国活跃的粟特人使用的粟特语同样把罗马称为 ϝrwm（Frwm）。最终，这个经过多次"倒手"的名字被中国人写成了拂菻。唐朝时的景教碑仍然采取大秦的名称则是故意使用古语。基督教确实起源于罗马帝国，不过景教碑里提到传播景教入华的上德阿罗本则和大多数景教徒一样，大概率是出身于波斯，只是他观念上则仍然遵奉罗马帝国为景教发源地。

有意思的是，甘英对大秦的解释虽然和罗马并无关系，却反而可能和中国有密切联系。

之前我们提到把中国翻译成 China 的语言大多是以诸伊朗语为媒介，但是也有一些历史上受到伊朗语影响甚微的语言用 China 系的词称呼中国。例如泰国人就把中国叫 จีน（chin）。这是由于泰国历史上受到印度文化的影响，印度人以印度为"中国"，对中国则采用另外一个名字来称呼，泰语采用了南亚次大陆的梵语或巴利语对中国的称呼 चीन（Cīna），这个名字在其他受到印度文化影响的语言（如老挝语和缅甸语）中也有出现。Cīna 的称呼可以说历史相当悠久。古印度史诗《摩诃婆罗多》中已经提到了 Cīna 部落。在史诗中，Cīna 人是居住在次大陆北部的高山（喜马拉雅山）那头的居民,曾在东光国(今阿萨姆)国王率领的军队中作战。故事虽然纯属虚构,地理位置却大体不错,可见印度人早就知道在喜马拉雅山的后面有一个国家。另一本伪托人类始祖摩奴所作的《摩奴法论》中提到印度以外的族群时,Cīna人与达罗毗荼人、希腊人、塞种(伊朗)人等并列,以前都属于刹帝利种姓,由于忽视仪轨以及疏于向婆罗门请教,已经降级为首陀罗种姓。

伊朗语和印度语是近亲,语音和构词都相当相似,这个名字几乎就是伊朗语Chin的翻版,甚至加上了-stan的版本可能也有一个梵语版 चीनस्थान (Cīnasthāna),这个名字早在晋朝就反传回中国,即中国古书里所谓的震旦(振旦)。如205年出使天竺的成光子就说:"中天竺国东至振旦国五万八千里(振旦即神州之号也,彼人目之)"。

遗憾的是,古代印度并没有如中国这般发达的史学传统,印度的这些伟大史诗多数是在漫长的时代中经过层叠累加形成的。《摩诃婆罗多》的文本成型从公元前4世纪到公元后4世纪,历经近千年时间,很难确定关于Cīna的文段是什么时候产生的。《摩奴法论》以前曾号称成书于公元前1000年,但是实际上根据所用语言分析,它可能是迟至公元3世纪的作品。此时已是张骞在大夏看到蜀布、邛竹杖的年代,作为蜀布、邛竹杖的转手方,印度人知道中国的存在也是很自然的事情了。因此,很难确定究竟是伊朗人先有了Chin还是印度人先有了Cīna。

中古时代,随着佛教进入中国,印度用以称中国的Cīna

也随之流入中国，并在中文中音译为"至那""支那""脂那"等。在 20 世纪被日本军国主义者恶意使用导致污名化之前，"脂那"算得上是一个雅称。佛教中净饭王太子（释迦牟尼）学书的故事中提到过，悉达多本人在少年时期曾经读过来自 Cīna 的书籍。在不同的汉文佛经中，这个书籍的名称有不同的翻译，如"秦书""脂那国书""支那书"。这本书在悉达多太子所阅读的六十四种书中排第二十四位。

此时的印度人已经很清楚喜马拉雅山那边是一个泱泱大国。有时为了表示尊敬，把 Cīna 叫 Mahācīna，即"大中国"的意思，在中国古代音译为"摩诃至那"，正如印度也可以叫"摩诃婆罗多"那样。

《玄奘传》中记录了玄奘和尚与印度戒日王的一段对话，戒日王问玄奘和尚："师从支那来，弟子闻彼国有《秦王破阵乐》歌舞之曲，未知秦王是何人？复有何功德，致此称扬？"同样的情节也出现在玄奘自己所著的《大唐西域记》中：

> 戒日王劳苦已曰："自何国来，将何所欲？"对曰："从大唐国来，请求佛法。"王曰："大唐国在何方？经途所亘，去斯远近？"对曰："当此东北数万余里，印度所谓摩诃至那国是也。"王曰："尝闻摩诃至那国有秦王天子，少而灵鉴，长而神武。昔先代丧乱，率土分崩，兵戈竞起，群生荼毒，而秦王天子早怀远略，兴大慈悲，拯济含识，平定海内，风教遐被，德泽远洽，殊方异域，慕化称臣。氓庶荷其亭育，咸歌《秦王破阵乐》。闻其雅颂，于兹久矣。盛德之誉，诚有之

乎？大唐国者，岂此是耶？"对曰："然。至那者，前王之国号；大唐者，我君之国称。昔未袭位，谓之秦王；今已承统，称曰天子。前代运终，群生无主，兵戈乱起，残害生灵。秦王天纵含弘，心发慈愍，威风鼓扇，群凶殄灭，八方静谧，万国朝贡。爱育四生，敬崇三宝，薄赋敛，省刑罚，而国用有余，氓俗无夭，风猷大化，难以备举。"戒日王曰："盛矣哉！彼土群生，福感圣主。"

《大唐西域记》是玄奘和尚应唐太宗李世民要求撰写的作品，因此和玄奘和尚的弟子撰写的法师传记《玄奘传》相比，本书对唐太宗多有阿谀奉承之言。以当时的交通条件，戒日王不大可能对唐太宗有那么详细的了解。《玄奘传》的记录可能更加接近玄奘与戒日王会面的真实情况。但是玄奘和尚精通梵语，在《大唐西域记》中，玄奘和尚明确提到中国就是印度人口中的摩诃至那国。

由于中国的庞大体量，中古以来把中国尊称为大国并不鲜见。藏语有个称呼中国的传统名 རྒྱ་ནག（rgya nag），字面意义上就是"黑大国"。རྒྱ 在藏语里有"大"的意思，譬如湖是མཚོ（mtsho），རྒྱ་མཚོ（rgya mtsho）就是大海的意思了，著名的六世达赖仓央嘉措名字中的"嘉措"就是这个词。藏文中印度也可以用 རྒྱ 称 རྒྱ་གར（rgya gar），即"白大国"。如果单独用 རྒྱ，一般指中国。如立在拉萨大昭寺前的《唐蕃会盟碑》中提到唐朝时都称为 རྒྱ་ཆེན་པོ（rgya chen po），字面意思上即为"大国"，和汉语所说的"巨唐"正好相应。

有证据显示,"大中国"并不仅仅是出身中国的佛教僧侣在谈及母国时的骄傲自称,还是西域和印度人确实使用过的称呼。在阿拉伯文和波斯文的古籍中,对中国也有一个颇为奇特的称呼,一般来说是在 Chin 的前面加上 Mā 或者 Māhā。如拉施特的《史集》中提到的 ماهاچين（Māhāchin）是大秦的意思,在别处也叫 ماچين（Māchin）。毫无疑问这里的 māhā 或者 mā 就是由梵语的"摩诃"转化而来,拉施特甚至还能清楚地给出这个前缀的含义。喀什噶里的《突厥语大词典》里也提到过 ماصين（Māṣīn）。他称 Ṣīn 本分三块,上分位于东为桃花石,中分为契丹,下分为巴尔罕,在喀什噶尔。在今日,桃花石就是 Māṣīn,而契丹则是 Ṣīn。从描述来看,显然是宋辽对峙时期,把辽称为 Ṣīn,而把宋称为 Māṣīn。

最有意思的是,这个名称直到 19 世纪仍然在使用。和田地处塔里木盆地南缘,历史上是天山以南最强大繁荣的城邦之一。在被喀喇汗王朝征服之前,和田曾经是于阗王国的都城。于阗王国时期,于阗国与敦煌的归义军政权来往甚密,互相通婚。如于阗著名的李圣天李天王的王后就是敦煌归义军节度使曹议金的女儿,李圣天的女儿又嫁给了曹议金的孙子。于阗国本来姓尉迟（和内地来自鲜卑的尉迟姓并非同源）,但是在唐朝的强大影响下后来又取汉姓为李。

当 19 世纪的西方人到达新疆时,他们惊讶地发现和田人在说话间仍然会使用 Machin 一词。譬如和田当时流传一个民间传说,认为 Machin 是 Chin 之子,教会了和田人纺羊毛、织丝绸。于阗王国时期就已经流传有来自中原的传丝公主故事，这个故事在《大唐西域记》和和田附近出土的木版画中都有记述。Machin 传丝的传说正是传丝公主故事长期流传后产生的又一版本。至今和田丝绸仍然享有盛誉，和田是新疆最重要的艾特莱斯绸生产中心。斯坦因在和田探访阿拉勒巴格时，当地已经 86 岁的老毛拉还曾经骄傲地宣称这里是古代于阗王国的国都所在，当年的于阗王是"Khalkhāl-i Chīn-u-Māchīn（Chin 和 Machin 的 Khalkhāl）"。

更有意思的是，当时和田人还被称为 Machin 人。阿拉伯语中从名词派生形容词的后缀称作 nisba，譬如中国为صِّن（ṣīn），在加上 nisba 之后就成了形容词صِينيّ（ṣīniyy）。恰巧近古以来波斯语的名词派生形容词的后缀也变成了 -i，因此中国人在波斯语中就是 Chini。和田人当时就被称为ماچيني（Machini），被视为是 Machin 的居民。这个称呼一直延续到 19 世纪末期。俄国探险家普热瓦利斯基造访新疆时，他发现其他地方的人仍然把和田人称作 Мачинцы（Machintsy）。

基本可以肯定的是，Chin 最早出现在印度语和伊朗语中。这两支语言本来就是近亲，在没有更多材料的情况下，很难说清楚 Chin 到底是伊朗语最开始传开，还是印度语最先使用。

伊朗语的 Chin 和梵语的 चीन（Cīna）又有千丝万缕的联系。Cīna 本身在梵语中并无意义，一定是某种外语音译。上古时期华夏文明的核心区域在中国北方，中国对外交流在春秋战国时期开始大发展，此时中国的对外交流路线也多走北方路线，或是从河西走廊直接通向西域，或是通过蒙古草原再向西深入欧亚腹地。由于地理因素，在春秋战国时期的诸多诸侯国中，外国人接触的以位于中国西北的秦国和北方的晋国为主。这两个国家的国名的古音分别为 dzin 和 tsin。考虑到古印度梵语的语音中缺乏 ts 和 dz 声母，cīn 差不多是印度语言能够模仿得最像的音了，后面加 a 则是梵语等印度语言构成名词的一贯操作。事实上，汉语从明朝后期以来发生了一次腭化音变，在明朝早期，"秦"的发音类似汉语拼音 cin，腭化后变成 qin，"晋"本来接近汉语拼音 zin，腭化后变成 jin。未腭化的读法在河南和山东很多地区仍然很常见，在京剧等戏曲中也要求读老读音，即所谓"分尖团"。因此一般认为 Cīna 的来源是秦或者晋。

至于到底是秦还是晋，则两者各有优势。春秋时期总体上秦国的势力弱于晋国。此时河西走廊通道也尚未打通，相反正北方的草原通道相对顺畅。战国时期原本强大的晋国三分为韩、赵、魏，势力大不如前；而战国以后，秦国最终统一中国，建立了秦朝。因此，若说各诸侯国对外的影响力，前期晋强于秦，后期则秦强于晋。此外，梵语的 c 是个清音，语音上说更接近 ts，也就说 Cīna 的发音在秦、晋中更偏向晋。当然这并不是决定性的证据。目前来说，秦、晋两说各有道理，也可能秦、晋本就是邻国，读音也较为接近，在称呼外传的过程中，不明就里的外国人误将二者合一。

无论 Cīna 是何来源，古印度人都明确把它和中国联系在了一起。比起古代中国的相对封闭，南亚次大陆虽然也自成一体，但是与西北方向的西亚以及欧洲的距离比中国还是要近得多，交通条件更是不可同日而语。它们之间不但陆路更为畅通，还有频繁的海运贸易。来自南亚的姜等香料是当年地中海地区趋之若鹜的珍奇名品，来自 Cīna、辗转抵达印度的丝绸等东方名物也在印度装船驶向西方。因此，古代欧亚大陆西部对东部的了解往往以次大陆作为媒介。既然印度人把东方的丝绸之国叫作 Cīna，那么更西的其他人跟着学也就是顺理成章的事情了。

颇为凑巧的是，假如 Cīna 最早确实由"秦"或者"晋"演变而来的，则希腊语或叙利亚语的读法倒是意外地和汉语的原始读音更像了。这又涉及一个有趣的问题，那就是"吐蕃"应该怎么读。

很多人都可能有过类似的经历，在学生年代学习历史的时候，第一次接触到吐蕃，就按照蕃字的正常读音读成了吐 fān，此时历史老师会来纠正，说这里吐蕃应该读吐 bō 才对。

不过事实真的如此吗？其实不然。

吐 bō 这个读法是晚清民国时代搞出来的新读法。在唐朝到民国之前的漫长的一千多年里，并没有什么人专门对吐蕃应该怎么读进行过任何讨论。中国古代有个传统，就是各路学者喜欢对经典中一些读法特殊的字作注，说这个字在这里应该怎么读。不少字的相对奇怪的读音都有这样的来源，譬如冒顿有个唐初的注音说应该读"墨特"，月氏有个宋朝的注音说月应该读"肉"。当然就冒顿和月氏而言，唐朝和宋朝的注音与这两个词在汉朝出现也相隔千年。其实本质上来说和吐 bō 也没啥区别，都是问题很多不能轻信。

吐 bō 则比起冒顿或者月氏理据更少。在清末之前没有对吐蕃进行音注的案例，最早提出读 bō 的应该是清末的西方汉学家，据著名汉学家伯希和的说法，首倡者是19世纪初期的雷慕沙。在雷慕沙的年代，西方人对汉语音韵学可以说一无所知，但是后来的西方汉学家往往直接跟从雷慕沙的读法。伯希和本人对这个读法并不认同，他明确说这个只是西方才有的说法，中国人自己的韵书和字典从来没有这样注的。蕃应该读 bō 的说法传入国内是20世纪30年代，真正开始作为"正音"流行是20世纪80年代以后的事情。

显然，就吐蕃应该怎么读的问题，19世纪的汉学家之后的人的发言权应该不是特别高。

要说起当年雷慕沙为什么主张读吐 bō，最大的原因恐怕是他把"蕃"视作对应藏文 བོད。bō 音的出现，究其原因可能和晚清以来，学者对藏语的了解加深有关。藏语中把"藏"称为 བོད(bod)，拉萨话读 /pʰøʔɬɪ/。既然吐蕃是对藏族的称呼，那么蕃自然应该对应藏族的自称 བོད。因为藏文是 bod，所以汉语应该读 bō。

这个推论表面看起来有一定合理性，其实还是存在颇多问题。

问题的核心在于中古汉语的语音体系和普通话是非常不一样的。如果试图把唐朝人口中的蕃和藏语的 bod 联系起来，那么就不应该用现代普通话的音，而是得用唐朝时的语音。

不幸的是，唐朝时期的字典中，"蕃"并没有能够演变成普通话 bō 的读音。唐朝时候"番"（注意不是"蕃"）有

"补过切"的读音，大概是 /pɑ/，这个读音可以演变成普通话的 bò，可以说是主张蕃读 bō 音的前提下最有可能的中古汉语读音来源。然而中古汉语中这个音是有 -t 尾的，显然如果蕃真是和 bod 有关系，唐朝人不应该选择这样一个元音结尾的读音。实际上藏族在汉语中更早的称呼"发羌"的发音倒是在中古收 -t。况且，如果真要对 o 元音，也不应该用唐朝元音是 /ɑ/ 的字，就声母而言，中古汉语在有浊音 /b/ 的情况下也不应该使用 /p/ 声母的字去对当时藏语的 b。

在认为吐蕃读吐 bō 的学者那里，往往觉得吐蕃和 Tibet 语音相近，应该本出一源，所以蕃不应该是鼻音收尾的读音。西方语言中西藏确实一般称为 Tibet，然而 Tibet 来源相当复杂，至今尚未完全清楚。可以比较明确的是，这个名字应该经过了几次转手。以地理判断，欧洲语言的 Tibet 比较直接的来源可能是波斯语 تبت（tabbat），最终来源可能和中古时期在北方草原和东西交流路径上有过重要影响的突厥语有关。古突厥语中把西藏称为 Töpüt，具体词源不详，有说可能和"高地、山峰"有关（即现代维吾尔语的 töpe，土耳其语的 tepe），也有说是这个词和藏族的自称 bod 合在一起的产物。也有认为这个词在更早的蒙古语族语言（譬如鲜卑语）中可能就有出现，因为 -t 复数是蒙古语族语言的特征。吐蕃初兴时，在今天青海地区游牧的吐谷浑就是鲜卑别部，因此有可能 Tibet 是个从鲜卑语输入了早期突厥语的借词。甚至有说法认为 Tibet 和吐蕃都是对音藏语 སྟོད་བོད་（stod bod），也即"上方藏"。虽然藏族人确实把日喀则以西直到阿里的地区称作 གྲུད་ ［如拉萨流行的"གྲུད་གཞས་（堆谐/stod gzhas）"舞蹈就是从后藏高地传来的舞蹈］，然而这个说法并不可信，因为藏族人自己并不使用"གྲུད་བད་"这样的词组。

万幸的是，关于"蕃"应该怎么读，唐朝人的诗作已经给了非常明确的答案。中唐著名诗人，有"诗奴"之称的贾岛曾经写过一首题为《寄沧州李尚书》的诗，诗歌是寄给沧州刺史李祐的。李祐是中唐武将，可称得上战功赫赫，尤其是曾经领兵抵御吐蕃入侵，因此诗作中对李祐颇多褒扬。

> 沧溟深绝阔，西岸郭东门。戈者罗夷鸟，桴人思峤猿。
> 威棱高腊冽，煦育极春温。陂淀封疆内，蒹葭壁垒根。
> 摇鞭边地脉，愁箭虎狼魂。水县卖纱市，盐田煮海村。
> 枝条分御叶，家世食唐恩。武可纵横讲，功从战伐论。
> 天涯生月片，屿顶涌泉源。非是泥池物，方因雷雨尊。
> 沉谋藏未露，邻境帖无喧。青冢骄回鹘，萧关陷吐蕃。
> 何时霖岁旱，早晚雪邦冤。迢递瞻旌纛，浮阳寄咏言。

这首诗吐蕃的"蕃"字恰好出现在了韵脚。从押韵上能非常明显地看出，"蕃"肯定是带鼻音的元韵字。"蕃"应该是鼻音收尾的字，也就是说跟从"附袁切"的读法，这个读法对应到今天的普通话就是 fán。

严格来说，今天吐蕃应该读吐 fán 才最符合古今对应规律。但是可能是由于和"番"的字形和意义都比较相近，

"蕃"字的声调受到了影响,出现了 fān 的读音。不过无论如何,吐 bō 都是一个新出现的读法,而且在历史上并无理据,将来是否能够彻底站稳脚跟,则得看整个社会是否接受了。

妙香国的胞波

现在是时候暂且从 China/Cathay 的溯源问题抽身,来看一个中国的邻居对中国的一个不属于"中国"系、"China"系和"Cathay"系三类中任何一类的称呼。

在中国的诸多邻国中,缅甸是一个存在感较低的国家。但是实际上缅甸有六千万人口,在东南亚算得上是幅员辽阔、人口众多的大国。历史上缅甸人能征善战,让邻国畏惧不已,甚至中国明朝、清朝在和缅甸的战争中也都没有讨到便宜。

更重要的是,缅甸和中国有千丝万缕的联系。缅甸的官方语言缅语是属于汉藏语系的语言,是汉语的远亲。缅甸人的祖先是南诏时期从云南南下的军屯士兵的后裔。缅甸史书《琉璃宫史》追溯缅甸先王历史时记载的蒲甘王朝的前几代君王,和大理古文献《白古通记》里记载的南诏蒙氏先王之名就有有趣的对应关系。

《白古通记》原文据说是由一种已经失传的"白文"写成,大约成书于明朝初年。清朝时原书已佚,现今的版本是整理翻译的汉文本。按照该书记载,白子国的祖先是印度阿育王,阿育王之后是骠苴低、低牟苴——这两位先王是包括印度、大理、中原、吐蕃、越南在内的所有人的共祖。

而在 19 世纪成书的缅甸《琉璃宫史》中,蒲甘王朝第三

位王叫 ပျူစောထီး（Pyucau:hti:），在更早的缅甸史书中，这位王则被认为是蒲甘王朝的创立者和第一代王，是日精与龙女之子。他死后则由他儿子 ထီးမင်းယဉ်（Hti:mang:yany）继位。可以看出这两代王的名字与骠苴低、低牟苴其实是一回事。更重要的是，这两位王的名字是明显的父子联名制，即儿子名字的第一个字来源于父亲名字的最后一个字，这是非常典型的南诏特征（参考南诏王异牟寻、寻阁劝），说明缅甸第一个王朝蒲甘王朝的祖先确实和南诏国有千丝万缕的联系。

可能也正是因着这层关系，缅甸人对中国人有个比较亲昵的称呼 ပေါက်ဖော်（paukhpau），字面意义就是同胞，汉语翻译为"胞波"。

称呼中国人为"胞波"的缅甸人称"中国"则是 တရုတ်（ta.rut）。缅文的拼写基于古代缅语的发音，今天 တရုတ် 的发音在缅语已经演变为 /təjoʊʔ/，听起来类似汉语"德佑"。无论是古音还是今音，显然既非"中国"更不是 China/Cathay 的变体。

让问题更加复杂的是，缅甸人自己也不知道这个词的具体来源，甚至不知道目前的拼写是个讹误。这个词早在 12 世纪缅甸蒲甘王朝时期就已经出现，当时的拼写为 တရုက်（ta.ruk）或 တရုပ်（ta.rup）。在缅语后来的演变中，-p、-t 发生了混淆 [汉语的大部分方言历史上也发生过类似的变化，譬如"立"（中古音 lip）和"栗"（中古音 lit），今天只有粤语、闽南语等方言才能区分]，တရုပ် 和 တရုတ် 在近古以来的缅语发音是完全相同的，因此才发生了这样的混淆。但是 တရုက်（ta.

ruk）的拼写更加古怪，按理说缅文中不应该有带 -uk 的词。缅语原本是有 -uk 韵母的，如"六"在古藏文是 དྲུག（grug），在上古汉语是 kruk，但是在缅文创制后的缅文时代 -uk 已经变成了 -ok，后来又进一步演化为 -auk，变成了 ခြောက်（hkrauk）。这一系列问题说明 တရုက် 的词根不明，缅甸人无法从其发音推得该词拼写，甚至可能因为发音不顺造成拼写的改变，以至出现了 Tarup/Tarut/Taruk 三种写法（就如中国人很可能有时写"波西米亚"有时写"波希米亚"，但是意译的话，词根明确的"冰岛"绝对不会误写成"冰捣"）。

目前已知该词最早出现是在缅历 473 年（公元 1111 年）的一通石碑上。石碑记述了一场缅甸和 Taruk 的战争。由于 Taruk 出现的时代最早，再加上缅甸人没有理由将缅语中相对顺口的 Tarup 改成和缅语格格不入的 Taruk，因此 Taruk 应该是这个词最古老的拼写。

但是 Taruk 到底是怎么来的则是个谜团。曾有说法认为 Taruk 可能是来自"突厥"，如果这个词原本的拼写确为 Taruk，则语音上的对应尚且还说得过去。Taruk 出现的年代正当蒙古大征服时期。在蒙古大征服的队伍中，混杂着不少突厥部落。13 世纪时元世祖忽必烈在征服云南之后派兵攻打缅甸，元缅战争于 1277 年打响，蒲甘王朝在蒙古军队的打击下发生内乱而瓦解，被蒙古大军吓得怯战逃跑的那罗梯诃波帝王自此在缅甸史书中被恶称为 တရုတ်ပြေးမင်း（ta.rutpre:mang:），即"见中国就逃跑王"。但是因为缅甸天热，瘴疠问题严重，元军并未在缅甸久留。因为这场元缅战争的关系，缅甸人就用"突厥"之名称中国了。

然而突厥是中古时代北方的草原民族，缅甸和中国云南直接接壤，离北方草原很远，很难想象缅甸人会舍近求远借用突厥指代中国。何况元缅战争时，入主元朝的中国还是蒙古建立的，称南下的元军为蒙古军还差不多，很难想象缅甸人仅仅会因为元朝军队里有突厥士兵就把元朝的中国称作突厥。

对这个说法更不利的是，随着古代缅甸碑文的陆续被发现和释读，"Taruk 是突厥"说还遇到了时代对不上的问题。元缅战争在 13 世纪后期才打响，蒙古人对缅甸的影响充其量在这之前不久才开始；1111 年时的缅甸人打仗的对象还是大理国，缅甸人不可能称呼大理国为突厥。

相对来说，Taruk 指"大理"是一个更加合理的解释。尽管"大理"这个地名在汉语中看起来文从字顺，但是它并不像表面看上去那样易解。历史上还曾经把大理写成过大釐、大礼、大利，说明这个地名很有可能是从某种其他语言音译而来的。一般认为，最初的大釐城是位于洱海西岸北部的喜洲。喜洲地势平缓开阔，位于交通要道，曾是邓赕诏和南诏的都城。

今天的大理地区在汉朝时属楪榆县，该县县治也在喜洲附近。今天汉语"大理"和"楪榆"的发音堪称天差地别，但在古代，二者的关系要近得多。"楪榆"两字在中古时期都属于"以母"字，声母为 y（发音近似 /j/），这个中古声母的一大部分字在上古时期声母都是 l。如"叶（葉）"是一个在汉藏语系分布广泛的同源词,藏文是ལོ་མ་(lo ma),景颇语是 lap。和"叶(葉)"共用一个声旁且中古读音相同的"楪"的上古音也为 lap。"榆"的声母也为 l,甚至还有可能是 r。越南语表示"明白"的 rõ,就有人认为是上古时代借的汉语"喻"。若这点成立,则以"俞"为声旁的字在上古时代很有可能以 r 为声母。

上古时代的 l 除了演变为中古的 y 之外,也会演变为 d。仍以"叶(葉)"为例,同一个声旁的"碟""蝶"都变成了 d 声母。这样的演化在不同方言中可能稍有参差。如汉语的"蝶",本就是因为其翅膀像叶子所以字的写法才从"叶(葉)"分化而来,后来"蝶""叶(葉)"两个字的读音却发生了不同的演变,浙江、福建、江西、广东的方言都还有把蝴蝶称作"叶"的。可以推测,汉朝的楪榆县到了唐朝时期就演变成了南诏的大釐城,并在大理国时期改写为"大理"。虽然字形已经确定,但是缅甸人听到的可能仍然是某种口语读音,因此写成了 Taruk。

有意思的是,拉施特《史集》中提到云南时说蒙古人称其为"قره چانگ(Qara chang)","契丹人(汉人)"的语言则称其为 داى ليو(Dai-Liu)。这个记录暗示此时"大理"的"理"的读音并不像这个字本身那样是个单纯的"li"。"理"是上声字,中古汉语的上声声调发声时喉部会比较紧,听起来会像带上韵尾(其实普通话也一定程度保留了这个特征,譬如慢读"马"字,当声调降到最低的时候喉咙也会稍微紧)。缅甸人记录的 ruk 未必是个发音差别很大的读音,只是因为这

毕竟不是真的 -k，加之缅语本不该有 -uk 韵母，因此才会出现 Taruk/Tarup/Tarut 并存的奇观。

缅甸对中国的称呼在全世界可说是独树一帜，除了 Taruk 之外，还有其他他处所无的名字。《琉璃宫史》曾记载了这样一个有趣的故事。在缅甸周围有个名叫妙香国的国度。缅甸蒲甘时期，阿奴律陀王先后击败孟族的直通王国和北阿拉干王国，成功统一缅甸。阿奴律陀笃信佛教，他在佛教高僧信阿罗汉的影响下，定上座部佛教为国教。他听说妙香国供养着佛祖释迦牟尼的一颗佛牙舍利，如果能向妙香国王乌底勃瓦索取佛牙供养，让人民瞻仰礼拜，佛教定会发扬光大。于是，阿奴律陀王决定攻打妙香国取得佛牙。他召集全国兵马，亲率四员神骑骁将及瑞品基、瑞品艾兄弟，分水陆两路（每路 3600 万人），进军妙香国。等到达妙香国之后，妙香国王紧闭城门，将来自蒲甘的阿奴律陀王拒之城外。妙香国王对阿奴律陀迎请佛牙的想法并不感兴趣，本国又人多势众，仅是路过的割马草者就把缅甸 7200 万大军围了个里三层外三层。阿奴律陀见用武力迫使妙香国献出佛牙不成，就派瑞品兄弟潜入王宫，趁妙香国王熟睡时，用白灰在他身上画了三道白线。妙香国王见识到了阿奴律陀的本事，感到恐惧，于是会见了阿奴律陀。妙香国王决定由佛牙自己决定是否前往缅甸。阿奴律陀日日礼佛，但是佛牙始终悬于天际，不肯降落在阿奴律陀盘中。确定缅甸与佛牙无缘后，阿奴律陀至为伤心，天帝看出阿奴律陀一心向佛，因此赐予他玉佛。阿奴律陀在妙香国三月后，恭迎玉佛回了缅甸。

排除中间显然属于夸张的情节,如7200万大军被围了里外三层,阿奴律陀实际上是缅甸历史上真实存在的人物。尽管这个去妙香国迎佛牙的故事稍显无厘头,但是缅甸东北确实有个供奉着佛牙舍利的大国——中国。

现存佛陀留下的佛牙舍利最知名的有两枚,一枚位于斯里兰卡,一枚位于北京西山八大处。中国这颗佛牙舍利是唐朝贞元六年(790年)由沙门悟空从天竺带回长安的。此枚舍利先是在唐僖宗年间由于黄巢起义入蜀,几十年后又被献给后唐明宗,到了河南。契丹南下时这枚佛牙舍利被契丹人抢走不知所踪,直到1900年八国联军侵华时摧毁了北京西山的招仙塔,僧人在残基发现舍利石函,佛牙舍利才得以重见天日。尽管中国佛牙舍利的流传过程相当传奇,但是从唐朝开始佛牙舍利就在中国这一点倒是不错。阿奴律陀本人于1044年即位,他活动的年代佛牙已经在中国很久了。

正如之前所说,缅甸人的祖先是南诏时期从云南南下进入缅甸的。南诏国本就深受佛教文化影响,在进入伊洛瓦底江河谷后,缅甸人接触的骠人和孟人都是笃信佛教的民族。缅甸人建立蒲甘王朝后,全民信仰上座部佛教。佛牙舍利作为佛的遗存,自然也是这个信仰佛教的国家希望取得的圣物。真实的历史中,缅甸从来没有真正试图通过武力抢夺佛牙舍利,甚至也没有通过外交途径索取过。然而对妙香国的几个描述——妙香国比缅甸大得多(否则无法包围缅甸大军)、拥有佛牙、和缅甸发生过战争,可以让我们毫无疑问地确定妙香国指的就是中国。

佛教起源于印度，因此缅甸文化受到了印度的影响，缅甸文字也是从某种印度文字经孟文发展而来的。《琉璃宫史》中缅文对中国的称呼就来自印度对中国的称呼 चीन（Cīna）的变体 စိန（Cina.），如有一种名为 စိနပြည်（cina.prany）的圆鼓，指的就是中国鼓。

但是在很多情况下，缅文文献并不直统统地用这个词称呼中国。中国算是缅甸周边最重要的国家之一，大概是知道东北方的邻居是个大国，缅文中对中国的称呼除了直接从印度引入的 စိန 之外，还有很多更为尊敬的雅称。如汉译"妙香国"的称呼，缅文拼写为 ဂန္ဓလရာဇ်တိုင်း（Gandhala.rajtuing:）。这个称呼可以分为三部分：တိုင်း 就是"区域"的意思，ရာဇ် 是"王"的意思，因此缅甸人对中国的称呼实际上就是 ဂန္ဓလ。

Gandala 的起源非常有趣。在历史上受到印度和佛教文化影响的地区，往往在其某个地方会有一个来自古印度地名的梵名。譬如泰国首都曼谷以极长的全称闻名，全称中有一段是 มหินทรายุธยา（Mahinthrayutthaya），意思是"永不可摧的因陀罗之城"。这座"因陀罗之城"其实就是 Ayutthaya，即阿瑜佗耶。曼谷名字中的阿瑜佗耶继承自更古老的一座城——泰国历史上大城王朝的首都，位于曼谷以北的古都阿瑜佗耶。然而这座阿瑜佗耶仍然不是最初的起源。

真正的原版阿瑜佗耶则是一座位于印度恒河流域的城市，是印度战国时期十六雄国之一的拘萨罗国传说中的首都，古印度史诗《罗摩衍那》中包括罗摩本人在内的拘萨罗太阳王朝的都城。这个名字安到曼谷头上已经属于二次张冠李戴了。柬埔寨这个国家的名字则干脆来自十六雄国中最靠北、位于今天阿富汗和巴基斯坦的剑浮沙。中国云南南部傣族地区也有这样的梵名，如西双版纳也称"阿罗毗"，这本是恒河中游一个小国的名字。

这个 Gandhala 也是同样的来路。Gandhala 的原型即犍陀罗，是古印度十六雄国时代西北方的雄国。其领土大概是今天巴基斯坦北部和阿富汗东部，紧挨着刚才提到的另一个雄国剑浮沙。犍陀罗梵文为 गन्धार（Gandhāra）。从古代开始，就一直有说法认为这个名字和梵文的香气 गन्ध（gandha）有关联。古犍陀罗国位于贸易要冲，香料贸易发达，居民有涂抹香水的习惯，因此得雅号"香风国"。这是个美丽的传说，虽然这个说法不一定靠谱。无论如何，犍陀罗之名始自大约三千五百年前的古印度吠陀时代。后来犍陀罗成为佛教中心，往来的士商僧侣采信了香风国的说法，因此犍陀罗就有了"妙香国"的雅号。

把大理称作犍陀罗不只是缅甸人的称呼，也是当时云南人的自称。南诏大理都笃信佛教，有妙香佛国之称。妙香佛国是明清以来的汉语意译称呼，这个称呼显然是沿袭了古印度对犍陀罗国的雅称。而在更古的时代或外语中，则会直接采用犍陀罗来称呼云南地区乃至整个中国。如《史集》中提到印度人和克什米尔人称云南为 قندر（Qandar），"我们"（指波斯人/阿拉伯人）则称为 قندهار（Qandahar）。可见此时称云南为犍陀罗流传甚广。

还值得一提的是，《史集》中提到的蒙古人对云南的称呼"Qara chang"。这个称呼在中文史料中对应"哈剌章"。中古时期蒙古语的 q 在后来都变为 h，所以 Qara 和哈剌是一回事，"Qara/哈剌"是蒙古语的 ᠬᠠᠷ‍ᠠ（qar-a），"黑色"的意思。

既然有"黑章"，那会不会有"白章"呢？巧得很，《元史》中就记录了元朝攻打大理时正是由茶罕章/察罕章进入。"茶罕/察罕"就是蒙古语的 ᠴᠠᠭᠠᠨ（čaɣan），"白"的意思。从史实来看，狭义的哈剌章和察罕章分别指大理和丽江，广义的哈剌章则涵盖整个云南。

《史集》中提了一嘴，云南的居民一部分肤色是黑色，另一部分是白色，或许是想解释哈剌章和察罕章这两个地名的由来。不过，这肯定是无稽之谈，丽江和大理居民的肤色并无大的差别。更重要的是，哈剌和察罕分别是蒙古语的"黑"和"白"，而"章"在蒙古语里就并无意思了。一种解释是，云南历史上存在过名为"爨"的人群，"爨"又分东爨乌蛮和西爨白蛮。"章"就是蒙古语"爨"的对音，哈剌和察罕则是来自乌、白之称。

爨是个非常难写的字，但是在中国想要看到爨人的遗迹并不难，只须前往云南曲靖。相比游客熙熙攘攘的丽江、大理、西双版纳等地，滇东重镇曲靖向来不是什么热门旅游地，但是爨氏的早期首领爨宝子和爨龙颜的墓碑（合称二爨碑）就在这里。爨最早是一个姓氏，属于南中大姓成员之一。南中大姓是指祖上从内地移居西南边区，在当地世代居住的汉人豪强。被诸葛亮七擒七纵的孟获，正是这批南中大族中的孟氏的重要成员。339年，东晋支持的建宁郡太守孟彦与成都成汉政权支持的宁州刺史霍彪火拼，同归于尽，爨氏因此获得了南中地区的领导地位。爨氏统治下的人民逐渐形成了所谓的爨人群体，爨也从姓氏发展成为族群的称呼，被称为爨蛮。后来爨又分为东、西二爨，西爨以白蛮为主，东爨以乌蛮为主，仍然主要分布在滇东地区。

"章"来自"爨"这一说法的问题是，哈剌章和察罕章的位置同乌蛮和白蛮的分布很难对上号。乌蛮、白蛮的分野始见于唐朝，该时期他们虽然大体东西分布，但是不乏杂居地区，如洱海附近既有乌蛮又有白蛮。但是南诏曾经迁徙二十万户西爨白蛮到洱海地区，后经过南诏大理几百年的统治，洱海地区的居民整合成为今天白族的祖先，他们自称白人或僰人。元朝时大理的居民已经和乌蛮关系不大了，一定要以乌、白分的话，大理叫察罕章还差不多。曲靖还有"段氏与三十七部会盟碑"，即大理国时期大理王室段氏与东方三十七部在石城（今曲靖）会盟所遗留。东方三十七部多为乌蛮，也称黑爨，段思平建立大理国时即是向三十七部借兵。可见宋元时期乌蛮主要的分布区域在云南东部，即所谓"然今目白人为白爨，罗罗为黑爨"。白族聚居的大理自然是白爨，丽江和黑爨、白爨都沾不上边，罗罗则是旧时对彝族的称呼，彝族的分布主要在滇东和滇东北。虽然南诏时期洱海区域仍然有不少乌蛮存在，南诏王室也是乌蛮别种出身，但是蒙古人不大可能会因此翻阅汉文古籍，把大理和黑爨联系在一起，搞出"哈刺章"的称谓。从元朝的史料看，当时的"乌蛮之都"是大理国的东都善阐，也称押赤城，即今天的昆明。押赤极有可能是善阐在当地语言中的演变。元朝攻下云南后，云南的行政中心从大理移到了昆明，至今未变。《史集》中也记载了昆明的古名ياجی（Yachi）。此外，当时单用的"爨"也特指乌蛮。蒙古人征服云南后，大理政权还曾经派出过爨僰军帮助蒙古人征讨其他地方，其中"爨"就是乌蛮，僰则是白蛮。大理人自己更不可能自称"黑爨"了。

所谓"哈刺章"和"察罕章"的"章"，最有可能的还是出于吐蕃时期藏语对南诏的称呼འཇང་ཡུལ་（'jang yul）。藏语把区域叫作ཡུལ་（yul），则南诏地区的专名就是འཇང་（'jang）。元朝时期蒙古和西藏有特殊关系（忽必烈的帝师八思巴就是来自西藏萨迦的藏族人），因此蒙古人对远地的地名借用藏语称呼也就不足为奇了。然而现今只能知道藏语古称南诏为འཇང་（'jang），至于为什么要用这个名字就不得而知了。至于蒙古人后来为什么把大理和丽江分别称为"黑章"和"白章"，则尚待破解。

桃花石诸事皆巧

丘处机是中国历史上最为传奇的人物之一。他生于胶东半岛的烟台栖霞县，为金末元初的全真道道士，是王重阳的徒弟，全真教第五任掌教，深受金朝皇帝与成吉思汗的敬重。成吉思汗曾经邀请丘处机会面，丘处机因年事已高本想在燕京会面，但是当时大汗在中亚忙于西征，因此丘处机远赴中亚，并于元太祖十七年（1222年）四月在大雪山八鲁湾行宫与成吉思汗相见。跟随丘处机的弟子李志常根据此次行程的见闻写成了《长春真人西游记》一书。丘处机道号长春子，长春真人当然就是对他的尊称了。

《长春真人西游记》写成后曾经长期隐藏于道教经典集合《道藏》中。直到清乾隆六十年（1795年），当时的著名学者钱大昕与段玉裁在苏州玄妙观的《道藏》中发现了《长春真人西游记》，这本记录了金末元初中亚地区风土人情的重要著作才重现于世。

《长春真人西游记》在洋洋洒洒的记述中，曾经提到一个非常有意思的事情。在九月二十七日，丘处机一行来到了阿里马城。这座城市位于今天新疆霍城县一带，以盛产苹果得名（阿里马就是alma，苹果之意）。此时当地人取水的方式还是用瓶子灌水之后顶在头上带回家。他们见到丘处机一

《长春真人西游记》书影

行人使用的中原汲器时,非常开心地说了一句:"桃花石诸事皆巧。"

这段原文为:"土人惟以瓶取水,戴而归。及见中原汲器,喜曰:'桃花石诸事皆巧。'桃花石,谓汉人也。"李志常明确解释了桃花石的意思就是汉人。

"桃花石"这个名字乍看起来非常怪异,似乎是某种奇花异石的组合。然而中国并没有所谓"桃花石",更谈不上拿这种石头来给中国命名了。和历史上一再出现的情况一样,这个"桃花石"不能按照汉语的桃花和石来理解,而应该是当地语言的音译。

遗憾的是,《长春真人西游记》是汉文写成的文献,我们并不知道当地人的文字是怎么拼写"桃花石"的。不过比丘处机西游年代稍早的喀什噶里在《突厥语大字典》中提到了 Māṣīn 就是 تفغاج（Tawghāj）。喀什噶里的字典是用阿拉伯文写成的。原版的阿拉伯字母只有表示 j 的 ج，没有表示 ch 的 چ，后者是波斯人为了表示自己语言中的 ch 对阿拉伯字母进行增补的结果。波斯语本身既有 ch 又有 j，但是当时突厥语自己的词汇中只有 ch 没有 j，因此喀什噶里在字典中直接借用了字母 ج 来表示 ch。ڡ 这个字母也相对独特，原本是阿拉伯字母表中没有的字母，喀什噶里将它描述为介乎 f 和 b 之间的音，应为 w。这个词的实际发音是 Tawghāch，由于 Tawghāch 读音和"桃花石"极度接近，意思也完全对应，因此可以认为 Tawghāch 和后来的"桃花石"是一个名字。

这个略显奇异的名字在中亚地区广受欢迎。在辽朝西迁之前，统治新疆西部的是喀喇汗王朝。喀喇汗王朝的历代可汗的正式名号为 تمغاج خان（Tamghach Khan），即"桃花石汗"。喀喇汗王朝最伟大的可汗在取得汗位前称"贝里特勤"，当上大汗之后就称桃花石·布格拉汗。如果桃花石汗这个称号所指还不够清晰的话，该称号还有个阿拉伯文的版本 والصين ملك المشرق（Malik al-mashriq wal-Ṣīn），即"东方和中国之王"的意思，两相对照，"桃花石"无疑就像后来丘处机一行听到的那样是指中国。喀喇汗向北宋派遣使臣时，将宋朝皇帝和自己都称为"绦贯主","绦贯"即有可能就是"桃花石"的另一种音译。

Tamghach 和 Tawghāch 发音非常接近。m 和 w 都是用双唇发音的辅音，两者之间互相转化也是司空见惯。汉语历史上就曾经出现过部分 m 转化为 w 的音变，如北方话的"蚊""尾"等字在不少南方地区的方言中声母就是 m。

除此之外，"桃花石"还有一些其他的拼写变体。如在一些喀喇汗时期铸造的硬币上和其他文件中，"桃花石"被写成 طفغاج（Ṭafghach）、طمغاج（Ṭamghach）等。这些拼写变体大多只是拼写习惯不同产生的。譬如阿拉伯语区分普通的 t 和强势辅音 ṭ，后者在发音时舌根后缩或者小舌和咽部也同时参与发声，听起来较为浑厚。这种普通的 t 和强势的 ṭ 的对立在其他借用阿拉伯字母的语言中不多见，因此在发音上往往不加以区分。但是正好阿拉伯语拼写有省略元音的习惯，其他语言往往利用强势辅音来指示后面的元音发音比较浑厚（如 a）。原版的阿拉伯字母有 f 和 b，因此也可采用本来表示 f 的字母表示 v/w 之类的音。总之，这个词的种种形式发音大差不差。

《突厥语大词典》里对 Tawghāch 的补充解释是，任何古老而伟大的造物都可以称为"桃花石"。"桃花石汗"则是对古老而长久的统治者的称呼。

喀喇汗的可汗们并非最早的桃花石汗，文献中最早的桃花石汗是唐朝的皇帝们。在蒙古国的鄂尔浑河谷曾经发现过几块唐朝突厥汗国的石碑，这些石碑形状类似唐碑，但是

喀喇汗时期铸造的硬币

碑文既有汉文又有古突厥文，从汉文内容来看，很有可能是古突厥汗国可汗或者贵族去世后唐朝吊唁并派工匠制作的碑。在突厥文碑文中，唐朝皇帝被称作)X̌H: X̌ö:（Tabγač Qaγan），即桃花石可汗。唐朝史料中记载，唐太宗曾被草原民族尊称为"天可汗"。从鄂尔浑石碑来看，除了他之外，其他的唐朝皇帝也被尊奉为"桃花石可汗"，此处的"桃花石"就是"中国"的意思。

唐朝对中亚地区有着巨大的影响，在乌兹别克斯坦撒马尔罕曾经挖掘出一个饰以壁画的大厅。这个房间的西墙绘制的是庞大的唐朝使团，北墙左半边是一个雍容华贵的唐朝贵妇在龙舟上游玩，旁边的侍女往水中投掷食物喂鱼，右半边则是一个贵族男性带着随从在猎豹。壁画表现的可能是端午节时的盛唐宫廷活动，两位主角则是唐高宗与武则天。由此可见唐朝对中亚的影响力。

撒马尔罕壁画（局部）

虽然怛罗斯之战和安史之乱后，唐朝势力渐渐开始向东收缩，但是余威仍在。喀喇汗王朝的祖先是从今天的蒙古高原西迁过去的，因此相比中亚原居民，他们受到唐朝的影响更大。喀喇汗王朝一开始使用的钱币仍然是仿照唐朝钱币的外圆内方形，甚至钱币上的铭文也是模仿中原铜钱在方孔的四边各写一个方块形的词。宋朝时高昌回鹘的胜光法师在把《玄奘传》翻译成回鹘语时也把中国称为 ﺗﻮﻣﻐﺎﺞ（Tawγač），这个"桃花石"前面有时还会加上 ﻣﻐﻮﻟ（uluγ/ 伟大）。当然，在提到中国皇帝（唐太宗）时，胜光法师毫不意外地称他为"桃花石汗"。

称呼中国为桃花石的习惯一直延续到 13 世纪的蒙古西征时期，此时"桃花石汗"仍然是人们争相抢夺的头衔，甚至一些和中国很难沾上边的小国国君也自称是桃花石汗。如当时统治中亚小邦瓦赫什（位于今塔吉克斯坦）西南部的埃米尔阿布·伯克尔在铸造的金币上就自称"桃花石汗"。

然而古老而伟大的"桃花石"到底又是怎么来的？从语言演变的角度看，词中和词末的 b 变成 w/v 是非常容易的，一个标准的 b 发音时会有双唇紧闭成阻的动作，但是在快速发音的语流中，这个双唇紧闭的动作很容易产生不能完全到位的情况。假如因为嘴巴没有闭紧发生"漏气"，这时的发音就很接近 w/v 了。Tabγač 也是古突厥文的拼写，应该是"桃花石"的早期形式。而这个威震中亚的名号，其发源却在几千公里外的中国东北地区。

在内蒙古呼伦贝尔鄂伦春自治旗西北方的大兴安岭，有一个名为嘎仙洞的洞穴。嘎仙洞其貌不扬，从外表看就是一个平平无奇的大山洞。这个山洞规模相当可观，长度近百米，不过这种体量的洞在喀斯特地貌分布广泛、拥有诸多深达几十公里大洞的中国远远谈不上是佼佼者。关于这个洞，当地一直流传有诸多的传说，这也是嘎仙名称的由来。只是但凡名胜古迹，流传几个传说故事乃是常事，这也不足以让嘎仙洞脱颖而出。

然而 1980 年，嘎仙洞洞内石壁上发现了于 443 年刻下的 201 个字。这 201 个字并不是在名胜中常见到的"到此一游"题字留念，而是由北魏皇帝派遣大臣李敞刻下的一篇祝文。这篇祝文说明了嘎仙洞不同凡响的地位：这里是中古早期威震北方的拓跋鲜卑人的发祥地。

公元 443 年是北魏太平真君四年，时值北魏太武帝拓跋焘时期。与之前、之后的北魏皇室笃信佛教不同，太武帝转

嘎仙洞石壁祝文拓片复刻碑

信道教，太平真君这个看起来稍显得有些怪异的年号也脱胎于此。

这篇祝文在《魏书》中早已有录入。嘎仙洞洞壁的刻字和史书上的记载基本一致，只在个别字上稍有出入。根据《魏书》记录，拓跋鲜卑曾经在祖庙石室祭祖刻下祝文。两相印证，则嘎仙洞就是拓跋鲜卑的祖庙了。根据祝文自述，嘎仙洞一带就是拓跋鲜卑祖先居住的地方，发源于大兴安岭密林的拓跋鲜卑人逐渐南下，最终一统中国北方。

鲜卑人分为多个部落，比较出名的有拓跋鲜卑、宇文鲜卑、慕容鲜卑等。他们在东汉末年开始的天下大乱中纷纷登场，留下浓墨重彩的一笔。其中最成功的佼佼者当然是拓跋鲜卑了，甚至直到几百年之后，西夏王室虽为党项人，仍然自称是拓跋氏后裔。

对于拓跋的含义，拓跋氏曾经自己给出过解释：拓为土，跋为后（"北人谓土为拓，后为跋"），拓跋即为"土地之主"的意思。在中古汉语中，拓跋的读音接近 Takbat。此外，早期拓跋氏在汉语中也有"秃发"的音译。与拓跋一样，"秃"的韵尾和"发"的声母也大略可以对应词中的 -kp-。"拓跋"汉语音译里 -kb- 的顺序和其他语言"桃花石"-bgh- 的顺序相反，因此长久以来，也有人认为拓跋鲜卑入主中原后国号为"魏"，"桃花石"可能是对"大魏"的音译。这样的推测并不算可信，中古汉语的"魏"以 ng 为声母，"大"更不可能以 -b 结尾的音节去对。还有说法认为"桃花石"可能是"大汉"甚至"唐家"，前者也有音对不上的问题，后者则可以用希腊语中的"桃花石"否定。

希腊语的 Ταυγάς（Taugas）几乎和古突厥碑文上的"桃花石"同时出现。Ταυγάς 最早出自六七世纪之交的东罗马帝国官员和学者狄奥菲拉克特·西莫卡塔的《普世史》，大约创作于 7 世纪 30 年代或 40 年代。西莫卡塔的记录中，桃花石的统治者称 ταϊσάν（taisan），意思为"天之子"，看起来是"太宗"的讹变。西莫卡塔对桃花石的描述相当美好，他提到桃花石从不被纷争困扰（作为地处四战之地的东罗马人，他一定非常羡慕这一点）。他还提到，过去桃花石被一条大河分成两个敌对的大国，一国着黑衣，一国着红衣。在东罗马莫里斯皇帝在位期间（582—602 年），黑衣国渡过大河攻打红衣国，黑衣国战胜后统一了桃花石。这段描述可能指的是隋朝的统一战争，589年隋军渡江攻下陈朝首都建康，统一全国。所谓黑衣和红衣则或许是代表方向的颜色出现了讹误。中国自古就有青龙、白虎、玄武、朱雀的说法，代表南方的朱雀为红色，代表北方的玄武则是黑色。这并不仅仅是中国人的习惯。东罗马帝国核心区域位于今天的希腊和土耳其，帝国之北的海域被称作黑海，南边则被称为红海。红海的希腊语名称为 Ἐρυθρὰ Θάλασσα（Erythra Thalassa），即"红海"。黑海在古希腊语中则一般叫 Εὔξεινος Πόντος（Euxenus Pontus），即"宜居海"，这个名字则是因避讳而替换了更古的不吉利的名字 Ἄξεινος Πόντος（Axenus Pontus/ 不可居海）。

不过这个改名其实只是一个语言上的巧合引发的。黑海周围早就是各路游牧民族放牧的牧场，自然条件不说极佳，至少并不恶劣：当今饱受严寒之苦的俄罗斯人每到冬季就蜂拥至黑海沿岸；在古代，伊朗游牧民族长期在黑海边的草原上生活。事实上，希腊语的 Ἄξεινος 并非真是"不适居住"的意思，而是初来乍到的希腊人从当地的伊朗语言中借来的，其词根为 *axšaina-，是"深色"的意思，指的仍然是北面的海。这种颜色指代方位的习惯可能从东至西传到了东罗马帝国，但是西莫卡塔误认为真的指颜色，因此就有了所谓黑衣国攻打红衣国的记载，实际应该指的是北朝攻打南朝而已。

西莫卡塔对于桃花石的其他描述也多有牵强附会之处。譬如，他声称有蛮族说桃花石实际上是亚历山大大帝建立的；他还有点弄不清桃花石究竟是一个国家还是一座都城（或许两者都是），这也是为什么他声称亚历山大在桃花石外几里又建了长安城。

作为东罗马帝国官员，西莫卡塔可以接触到帝国的档案记录，尤其是一些来访的使节的见闻。但是中国毕竟距离东罗马帝国太远，某些事情以讹传讹越传越邪乎也属情有可原。既然西莫卡塔在提及隋灭陈的时候已经用了"桃花石"，则"桃花石"肯定和"唐家"是扯不上关系了。

相对来说，突厥语中紧挨着的两个辅音出现倒置换位的现象并不罕见。如"雨"在维吾尔语中是 yamghur，在早期的回鹘语文献里则是 yaghmur，在哈萨克语中又变成了 jangbyr。"劳动 / 折磨"在维吾尔语里是 emgek，在哈萨克语中则是 engbek。相对来说，"桃花石"是对"拓跋"的音译可信度要高得多。希腊语的 Taugas 则也已经发生了 g 和 b（u 反映了 b）的倒置，应该是从突厥语中辗转借去的。

在继续探究"拓跋"的含义时，就会遇到一个大问题："拓跋"的鲜卑文到底怎么写？

可能你已经有所好奇，鲜卑人祭祀祖先的祝文为什么是用汉文书写的？这是由于刻下祝文时，鲜卑文字尚未被发明。

设想一下，假如你说的语言没有文字，该怎么办？今天中国成年人识字率极高，对于多数年轻人来说，日常生活中几乎碰不到不识字的人。但是在 20 世纪前期，绝大多数中国人仍然是文盲。在一个传统社会中，不能识字对日常生活的影响较为有限。譬如在一个村民彼此抬头不见低头见的村庄里，大多数的交流都可以当面口头完成。然而对于一个领土广阔的政权来说，没有可以远距离传输信息的文字可能就会成为致命伤，如果完全依赖口耳相传，则信息传递的可靠性和准确性都会大成问题。

鲜卑人就碰上了这样的问题。以当时鲜卑人所处的环境，除了北方发展水平较低的游牧或渔猎人群外，鲜卑人不乏已经有成熟可供借鉴的文字的邻居。大体而言，鲜卑人可以借鉴的文字主要属于两套系统，一套是西域各语言的文字。虽然这些文字各不相同，但是万变不离其宗，归根结底，他们的源头都可以追溯到古代中东地区所使用的表音文字。由于只表音的缘故，这类文字在不同语言间可以比较方便地互相借用。

另一套文字则是位于鲜卑人南方的汉人所使用的汉字。和西域诸文字是外来源头不同，汉字是少有的自源文字，是由中原地区的华夏先民自行创造发展的。这和东亚地区在亚欧大陆地理上相对封闭隔绝密切相关——西域的浩瀚黄沙和青藏高原的巍峨群山让东亚地区在地理上自成一体，和欧亚大陆中西部地区交流较少。而当张骞通西域、胡商进入中原时，汉字早已发展成熟，已经不需要再借用文字了。

作为东亚地区一枝独秀的成熟文字，汉字在东亚地区的影响力毋庸置疑。一路向南发展、最后入主中原的鲜卑创制文字时受到汉字的影响也是理所应当。然而和西域诸多表音文字不同，汉字的特点决定了它并不是一种可以轻易被其他语言借用的文字。

汉字是一种意音文字，和汉语有高度的绑定性，占据汉字大部分的形声字更是和汉语有着极强的适配关系。譬如"吾"以"五"为声旁，这两个字意思上一个是第一人称，一个是数字，并无关联，只是因为在汉语里表示这两个意思的词恰好读音相近才形成了谐声关系。可以想见，这样的偶然关系在其他语言，尤其是和汉语并无亲属关系的非汉藏语系语言中极难成立，假设要用汉字写英语，如果用"吾"来表示 I，用"五"来表示 five，使用者必然会云里雾里，难以摸清其中套路。在历史上使用汉字作为书写文字的其他语言多多少少都会遇到些水土不服的现象，需要对汉字进行改造。

更加不利的是，鲜卑语的语法和汉语差距相当大。鲜卑语的语法接近蒙古语，在词根上加上各种各样的词缀表示语法功能，如一个名词到底是施事方还是受事方，是单数还是复数；一个动词表示的是现在的动作还是过去的动作，是对他者的行为还是施加于自身的行为或是被他者施加的行为，是假设还是命令。这样的语法和中古时代的汉语大相径庭。

这并不是完全不能逾越的鸿沟，历史上借用汉字的日语和朝鲜语都有着类似鲜卑语的语法，后来这两种语言大体都采取了将词缀用表音的文字书写的权宜之法。与之相比，语法相当接近汉语的壮语和越南语以汉字为基础设计文字就会简单许多，历史上也都出现过以汉字为基础的文字。从理论上说，鲜卑语在对汉字进行比较深度的改造之后，也可以如日语、朝鲜语那样采用类汉字的书写方式。然而这终究是要下很大功夫的事情。

就全世界而言，借用文字最简单的方法是只借用文字的表音功能。起源于古罗马的拉丁字母可以用来拼写全世界形形色色的语言，无论是英语、法语、德语、西班牙语还是印度尼西亚语，只需要用拉丁字母拼出读音，即可充当书写工具。汉语拼音也是用拉丁字母拼读的。鲜卑人活跃的时代，拉丁字母早已得到广泛使用，只是由于地理阻隔，鲜卑人几乎不可能接触到拉丁字母。

对于鲜卑语文字匮乏的问题，北魏孝文帝想出了一个解决的绝招——只要鲜卑人改说汉语，自然就可以使用现成的汉文。在孝文帝的汉化改革中，语言改革是其中相当重要的一项。孝文帝下令三十岁以下的鲜卑人应该即刻改用汉语，三十岁以上则可以宽限。

从这项语言改革的激烈程度上看，此时入主中原已有一段时间的鲜卑人，至少是较为年轻的鲜卑贵族，应该普遍有说汉语的能力，否则强说汉语无异于缘木求鱼。

伴随孝文帝的汉化改革，鲜卑语逐渐势衰。虽然其后有的统治者又倾向于使用鲜卑语，如北齐和北周王室（一为鲜卑化汉人，一为宇文鲜卑）都有频繁使用鲜卑语的记录，尤其在军中更是习用鲜卑语，但是鲜卑语仍然在南北朝后期渐渐走向没落，到了唐朝时彻底灭绝。

中国史料记载鲜卑其实是有文字的。在官方史书《魏书》中就提到过鲜卑文字的创制，北魏始光二年（425年）春，太武帝拓跋焘曾经下诏，因为"经历久远，传习多失其真，故令文体错谬，会义不惬"，因此"今制定文字，世所用者，颁下远近"。此次造字共造千余字。

汉字是一种早已成熟的文字体系，虽然在流传过程中一些字出现了讹变，但是一下子制定一千多个新文字仍然是颇为激进的行为，因此这里造的字到底是汉字还是鲜卑文字一直难以确定。不过无论如何，《隋书》中提到了当时的鲜卑文翻译的汉文著作108部，以及关于鲜卑文或鲜卑文的书籍，包括《国语》《鲜卑语》《国语物名》《国语真歌》《国语杂物名》《国语十八传》《国语御歌》《国语号令》《国语杂文》《鲜卑号令》。《鲜卑号令》一书更是由北周武帝亲著。这说明，尽管早在孝文帝时期就要求鲜卑人改用汉语，但是到北周时期，出身宇文鲜卑的北周皇室仍然对鲜卑语有相当程度的掌握。鲜卑人对自己的语言也相当感兴趣，以至于《国语》《鲜卑语》都存在卷数不同的版本。

　　无论是隋朝还是唐朝，均未有过大规模销毁鲜卑文献的记录。那就形成了一个怪异现象，历史书上明明记载当时有大量的"胡书"，但无论是传世文献还是北朝到隋唐的大量碑刻，都没有对鲜卑人的胡书的记载。

　　传世文献的稀缺颇可理解，随着鲜卑语的消亡，鲜卑文丧失了使用群体。古代并无现代意义上的文物保护意识，一种文字无人使用后，自然也就不会再有人制作抄本。纸张是相对脆弱的材料，就算保存得当，隋唐以来的一千多年损毁殆尽也是可以理解的。但是在鲜卑人活动的区域，并未发现任何一通石碑、铭文、墓志中有鲜卑文的出现，可就非常诡异了。

　　合理的推测是，可能根本没有发现鲜卑胡书。那么可能是中古时代的中国人搞错了？胡书本就是子虚乌有的东西。然而《隋书》写作的年代是唐朝初年，作者更是亲身经历过北朝，难以想象会闹出如此大的乌龙。

在发现鲜卑文字之前，对于鲜卑语的研究主要是依靠中文典籍中一些对于鲜卑语的记录。留下最多的鲜卑语记录的主要是汉文史书中对鲜卑的姓氏、官位的记录和解释。较为有限的材料显示，鲜卑语和今天的蒙古语颇有亲缘关系，如北魏的通事（翻译官）叫乞万真，和元朝的翻译官"怯里马赤"非常接近。这种把从事某种职业的人称作"×真"的习惯和今天的蒙古语也可说是如出一辙。

一些鲜卑部落的名称也可以看出和后来的蒙古语的相似之处，如叱奴氏就改为了郎氏。叱奴在鲜卑语中本来是狼的意思，但是汉姓中并无"狼"姓，汉文化中对狼也并无好评，因此就采用了与"狼"同音的常见姓氏"郎"作为汉姓。有连氏则改为云氏，是楼氏改为高氏，都是意译后的汉字正好可充作合适的姓氏故而选为汉姓。"若干"则是"狗"的意思，与叱奴氏面临的问题一样，直译的"狗"显然不能作为若干氏的汉姓，因此与叱奴氏改汉姓"郎"一样，若干氏的汉姓选择了与"狗"同音的"苟"姓。

在了解到鲜卑语是蒙古语的亲戚后，还可以进行反推验证，譬如宇文部自称得姓是因为"谓天曰宇，谓君曰文，因号宇文国，并以为氏焉"，即宇文的意思是天君，但是这个记载出自《周书》，可能有粉饰、附会的成分。不过南朝宋人何承天曾经提过："宇文氏出自炎帝，其后以尝草之功，鲜卑呼草为俟汾，遂号为俟汾氏。"蒙古语的"草"是 ᠡᠪᠡᠰᠦ（ebesü），其中 -sü 只是后缀，ebe 和"俟汾"发音还颇为接近，看起来何承天的说法更加接近真相。

此外，北周开国皇帝宇文泰的儿子们都有鲜卑语的小名，这些胡名就充当了宇文泰诸子的字。这些名字都以"突"结尾。这里的"突"在当时的读音应该为 dur/dür，很有可能对应中古蒙古语的和同格后缀 tu/tü，含义是拥有。人名可以表示具有某种特质，譬如宇文泰最大的两个儿子宇文震和宇文毓分别叫弥俟突和统万突，弥俟和统万与蒙古语的 ᠮᠢᠩᠭ᠎ᠠ（miŋγ-a）和 ᠲᠦᠮᠡᠨ（tümen）对应，即有"千"、有"万"。

最后继承大统的北周武帝宇文邕胡名是祢罗突。祢在普通话里声母是 m，但是中古时期这个字有两种读音，一种声母为 m，另一种为 n，后者是普通话里祢字的旧读 nǐ 的直接来源。这个名字的词根可以和蒙古语的 ᠨᠠᠶᠢᠷ（Nayira）相对应，意思是"友情、盛宴、和谐"，与汉名"邕"的意思正相对应。尤为有趣的是，"祢罗突"甚至在今天的蒙古族名字中都能见到，即 ᠨᠠᠶᠢᠷᠠᠲᠤ（Nayiratu），一般被翻译为"乃日图"。

然而诸如此类的鲜卑语信息充其量只算得上是吉光片羽。要真的想对鲜卑语言有更多了解，还是得有真正的鲜卑文材料出现。有趣的是，尽管迄今为止尚未发现鲜卑核心的拓跋鲜卑、宇文鲜卑等部的文字，但是已发现一些和鲜卑沾亲带故的文字。

首先值得一提的是柔然文。根据中国史书记载，鲜卑和柔然可说是同文同种的近亲。若论起源，柔然和拓跋鲜卑的关系相当密切，柔然的始祖木骨闾本来是拓跋鲜卑的奴隶。5世纪初，在拓跋鲜卑主体南下中原后，柔然首领自号丘豆伐可汗，建立汗庭，形成盛极一时的柔然汗国。由于拓跋鲜卑南迁，柔然则留在了漠北草原，双方关系渐趋疏远，互相攻伐。著名的《木兰诗》描写的时代背景就颇有可能是鲜卑人抗击柔然入侵。尽管曾为同族，北魏对于曾经的奴隶柔然人态度并不算好，甚至到了献文帝时期，北魏肃清柔然漠南部分的势力后，认为柔然人智力低下如蠕虫，下令改称他们为极具侮辱性的"蠕蠕"。

柔然的发展水平远远逊于拓跋鲜卑，留下的记录比拓跋鲜卑还要少得多。然而柔然人却可能是有文字的。蒙古国于20世纪50年代和70年代先后发现了两块带有奇怪字符的石碑。长期以来，石碑上的文字始终难以破解。对于石碑上的奇怪字符，有的说是匈奴语，也有的说是印度的梵语。从形状上看，这种字母属于起源于南亚地区的婆罗米字母。然而任何一种表音文字都可以表示多种语言，婆罗米字母当然也不例外。类似的婆罗米字母拼写的神秘文段也出现在哈萨克斯坦的杀人石上。

由于风化严重，长期以来石碑刻文无法解读。近年随着机器视觉技术的发展，学者采用了机器视觉处理方法，对本来漫漶不清的文字信息进行提取释读发现，这两块石碑上面拼写的都是接近蒙古语的语言。

严格来说，建立这两块石碑的时候，柔然汗国已经灰飞烟灭，中原甚至可能已经进入了唐朝。石碑中已经记录了突厥汗国的事件，但是并没有用古突厥文。在突厥汗国之前主导漠北草原的就是柔然汗国。柔然汗国和鲜卑一样说鲜卑语，鲜卑语是蒙古语的亲属语言，因此石碑上的文字很有可能沿袭自柔然汗国占统治地位时使用柔然文书写的习惯，也就是说这是一种鲜卑语的文字。

这两块石碑的解读非常重要。今天文献中能见到的蒙古语系语言最早的记录是契丹语以及更晚一些的中世蒙古语，也即元朝时的蒙古语。和很多人的印象不同，元朝时蒙古语的官方书面形式并非我们今天见到的蒙古文，而是由忽必烈时期的著名西藏高僧、元朝帝师八思巴发明的八思巴文。我们今天熟悉的蒙古文则是 13 世纪初成吉思汗战胜乃蛮部俘获的俘虏中一位名为塔塔统阿的回鹘人将回鹘文改造之后用来书写蒙古语的文字，年代比八思巴文稍早。现存最早的回鹘体蒙古文材料是 1224—1225 年镌刻的移相哥碑。虽然八思巴文获得了元朝官方的背书，但是在官方领域之外，蒙古人仍然更常用回鹘体蒙古文。尽管相对今天的蒙古语口语，创制于 13 世纪初的蒙古文要保守许多，然而在漫长的使用过程中，蒙古文也在渐渐发生变化。而在元朝以后就停止使用的八思巴文则犹如进入了速冻箱，反倒保留了元朝蒙古语的样貌。

但是更加有意思的是，除了贯穿整个元朝的各类八思巴文印章、文档、碑刻之外，今天所能见到的中世蒙古语最大的语料却是用汉文记录的。元朝时期有一本讲述蒙古早期历史的书籍《蒙古秘史》。《蒙古秘史》的原文已经部分散佚，但是汉文音译版保存了下来，正式书名为《元朝秘史》。在这本书里记录的蒙古语比现代的蒙古文要更加保守，譬如现代蒙古语"红色"读 /ʊlaːn/（蒙古国首都乌兰巴托的乌兰就是对 /ʊlaːn/ 的音译）。蒙古文的拼写比蒙古语口语要保守，蒙古文拼写为 ᠤᠯᠠᠭᠠᠨ，转写为 ulaɣan。但是在《元朝秘史》中，蒙古语的"红"的汉语译注音为"忽剌安"，比蒙古文多出一个 h。不光如此，满语"红色"为 fulgiyan，与蒙古语的 ulaɣan 本出自一个词根，却也比蒙古文多出了一个 f。这样的词为数不少，同样是在《元朝秘史》里，把"牛"翻译为"忽客里舌"，"牛"在蒙古文里写作 ᠦᠬᠡᠷ，转写为 üker。"牛"在蒙古语近亲达斡尔语里还读 hukur，与《元朝秘史》里记录的中世蒙古语发音相当类似。

因此，早有推论认为，在今天蒙古语中已经消失的中世蒙古语的 h 本来是 p。长期以来这个推论虽然颇有合理性，却无确凿无疑的证据，只停留在学者的构拟中。然而在两块石碑之一的布古特碑里，就出现了把"牛"拼写为 püker 的写法，与之前的拟测一致。由于这两通碑文的年代比中世蒙古语还要早上大几百年，因此其保留更多的蒙古语系祖语的特征也是不足为奇的。除了保留了 p 之外，碑文还有诸多古老的特征。如"铭文"一词在碑文中拼为 bitig，蒙古文转写则为 bičig。一般认为这个词词根的来源是汉语"笔"，在古代汉语中，"笔"以 /t/ 收尾，毫无疑问 bitig 是比 bičig 更加古老、更接近借词来源的形式。后者则是发生了腭化音变，就如今天有些陕西人说话会把"停"读成"情 / 擎"一样。

但是尽管这两篇碑文保存了一定的古音，在有些方面，碑文体现的语言却比蒙古文甚至当代的蒙古语演变速度还要快。如"石头"在碑文里写作 jilo，在蒙古文里则仍然写作 ᠴᡳᠯᠠᠭᠤ，转写为 čilaɣu。碑文中的"石头"已经由三个音节缩成了两个音节，反倒还不如时代晚得多的蒙古文将蒙古语系祖先语言的读音保留得完整。假如碑文上的语言是后来的蒙古语的祖先的话，则已经发生的变化再倒溯回去的可能性相当小。

对于碑文这种和后来的蒙古文颇为接近却有参差的现象，合理的推测就是碑文上的语言是蒙古语祖先的近亲，但是并非直系祖先。这就犹如在生物学上，一个人和自己的叔叔、伯伯可以长得很像，但是叔叔、伯伯并不是那个人的直系父系祖先，而是要追溯到更加老的世代，才会有共同的父系祖先。

更有意思的是，在甘肃武威发现的武则天时期的吐谷浑喜王慕容智墓里出现了另一种鲜卑文字——吐谷浑文。与碑文上的文字属于拼音文字不同，吐谷浑的文字则是类似汉字的方块字。由于吐谷浑本是慕容鲜卑的分支，这些尚未破解的文字很可能是鲜卑文，而借用汉字书写北族语言的方法也很可能启发了后来发明契丹大字的人。

那么，鲜卑文字的发现对研究桃花石到底是什么来头有帮助吗？遗憾的是，目前发现的这点鲜卑语材料还不足以使我们对鲜卑语有更深入的了解。以目前的研究来看，相对靠谱的解释是，当年拓跋氏自称的语源确实有合理成分。蒙古文土为 toyosu（toγosu），此处的 -su 是后缀，作为词根部分的 toγ 和"拓"的中古汉语读音有一定相似之处，考虑到还有"秃发"的别译，这个"拓"可能确实是"土"。

至于"跋"，最接近"后"的词则是来自印度-伊朗语言的 pati（主人），如梵语就有 पति（pati）一词，中古时期中国人翻译为"波底"。ti 的腭化非常常见，正如上文所提的 bitig 和 bičig。因此 pati 转变为 bač 就不足为奇了。中古汉语的塞音韵尾只能有 -p、-t、-k 三类，因此在翻译时就选择了把 -č 翻译成 -t。但是和宇文氏的情况一样，这也可能是拓跋氏上位成功以后附会的说法。

尽管意思仍有不确定之处，在拓跋氏的北魏以及后来的大唐的赫赫威名之下，"拓跋"之名最终演变成了威震天下的"桃花石"，并在近千年后以一个古老而伟大的国度之名传颂到远方。

大元和大明的翻译运动

当你第一次接触英语的时候，有没有过用汉字给英语注音的习惯？譬如在 Good morning 旁边写上"古的猫宁"，在 Good bye 旁写上"古的拜"。

虽然大多数情况下，英语课本里单词旁边都会有音标，但这并不妨碍更熟悉汉字的中国人用汉字来给英语注音。这其实是很多人学习外语的重要手段。19 世纪上海开埠后，需要和外国人打交道的中国人也发明了诸如"来是康姆（come）去是谷（go）"的口诀。虽然以今天的英语教学水准看这可能略显滑稽，但是当年不少中国人正是靠着这样的方法学会了洋泾浜英语，达到了和老外交流的目的。

用自己熟悉的语言给外语注音是许多初学者的常见习惯，并不仅仅局限于中国人。笔者有一个来自英语国家的朋友，在问过汉语一到十怎么说后，把一到十记成：ee、er、sarn、sz、woo、liow、chee、bah、joe、she。记录之后朋友又重复了一遍，可以说有模有样，虽然口音颇重，但是中国人听懂不成问题。

不过这样的注音顶多限于几个单词，能覆盖一个段落就已经很了不得了。如果整本书都是类似"古的猫宁"的注音，那会是怎样一番光景呢？在今天，恐怕只有在《××语三百

句》之类的应急小册子上才能看见。就算如此,《××语三百句》之类的书一般也会给出原文的写法。假如一本书整篇都是:

"哈喽,好啊油?"
"饭,三克油,安德油?"
"爱姆度应热刺体夫里外二,加斯特海分桑姆哇瑞斯呃爆特迈桑,胡以斯西客特得。"
"哦,普尔博以。"

恐怕这本书会被当作笑话来看待。
那么如果一本书里的内容是下面这样的,你会有什么观感呢?

成吉思 合中罕讷 忽札兀儿 迭额舌列 腾格理舌 额扯 札牙阿秃 脱列舌克先 孛儿帖 赤那 阿主兀 格儿该 亦讷 豁中埃 马阑舌勒 阿只埃 腾汲思 客 秃勒周 亦列舌罢 斡难沐 涟舌讷 帖里舌兀捏 不峏罕中哈中勒敦 纳 嫩秃黑剌周 脱舌列克先 巴塔赤罕中 阿主兀

巴塔赤罕中 讷 可温 塔马察 塔马察 因 可温 豁中里舌察儿篾儿干 豁中里舌察儿篾儿干 讷 可温 阿兀站孛罗舌温勒 阿兀站孛罗舌兀中 仑 可温 撒里合中察兀 撒里合中察兀 因 可温 也客你敦 也客你敦 讷 可温 挦锁赤 挦锁赤 因 可温 合中儿出

请不要以为我们胡编乱造了一本书试图愚弄你。假如你会说蒙古语，可以尝试一下用蒙古语读出这两段汉字。你可能会发现，虽然这些汉字在汉语中是一堆乱码，但是用蒙古语理解倒是能懂一些词。譬如"腾格理"是"天"，"赤那"是"狼"，"马阑勒"是"鹿"。

以上文段来自明朝初年的《元朝秘史》。这本神奇的书从头到尾用汉字给蒙古语注音。大多数冠名"秘史"的书籍都是民间流传的野史，里面多是各种臆造的情节，然而《元朝秘史》却不是民间传播的野史，而是由明朝官方大张旗鼓刊印的正式出版物，是一本正儿八经的教科书。不要说是在中国历史上，就算在全世界范围内，这样全篇都是注音的书也是颇为罕见的。

从实用价值看，这样的注音书颇为尴尬。对本来就使用被注音的语言的人来说，自然不会闲得没事去看注音文。而对使用注音文字的语言的人来说，脱离原文只看注音就算学会了也并没有真正学会读写，顶多达到可以听说的水平。历史上西方传教士在中国，尤其是在东南地区传教时，曾经设计过一些针对当地方言的拼音方案，并用这些以拉丁字母为基础的拼音文字翻译《圣经》或者撰写其他著作。不过这样通篇的"注音文"更类似于发明新文字，这些当地方言拼音的使用者往往是不通汉字的文盲群体。

可以想见，一篇满是汉字注音的蒙古语对于本就使用蒙古文的蒙古族来说用处不大。这篇《元朝秘史》的目标读者并不是蒙古族，而是想要学习蒙古语的人，更准确地说，应该是明朝专司翻译之职的四夷馆的人员。

从古至今，负责外交或者边地事务的官员就必须得面对学习语言的问题。如唐朝的外交机构鸿胪寺有制度化的翻译官，称作鸿胪寺译语，设置二十人。由于鸿胪寺经常负责外交接待工作，翻译官自然需要口头翻译的能力。

中书省也有翻译官。唐朝是个较为开放的朝代，有大量各族人士在华为官，因此唐朝的翻译官也往往出身其他民族，有母语之利。如揖怛然纥、史诃担，从名字就能看出他们并非汉族。会昌年间的翻译官石佛庆出自昭武九姓之一，是中亚石国（今乌兹别克斯坦塔什干）人，以当时的民族分布看应为粟特出身。但是在黠戛斯使团访华讨论攻打回鹘时，宰相李德裕认为石佛庆是"回鹘种类"，因此不便参与此次翻译工作。唐朝时期，粟特人与突厥、回鹘通婚相当普遍，安禄山、史思明都是这样的混血出身。李德裕担心石佛庆会在翻译时故意漏翻不利于回鹘的内容，并可能泄密给在华回鹘人。李德裕的对策则是让北方防御回鹘的河东节度使刘沔、振武节度使李忠顺各自招募和回鹘人没有亲故关系的翻译进京并各自翻译，两相校对以避免欺蔽问题。

到了明朝时，翻译官制度更加成熟。相对唐朝来说，明朝跟周边民族打的交道或许并没有变得更多，但是由于时代较近，留下了更多的记录。东北的朝鲜、女真，北方的蒙古，西北的回鹘、波斯，西南的暹罗、澜沧、缅甸，南方的安南，都需要有通事处理文件和对外交往事宜。因此明朝官方组织编纂了大批汉语和其他语言的翻译教材，一般称为《××译语》。

译语系列由于并非统一编纂，编者水平也高下不一，最后呈现出的状态也是参差不齐。四夷馆甫成立时，不少翻译官都是出身该民族的本族人，对本族语言相当熟稔，因此质量颇高。但是由于这些职位属于技术官员，往往采取世袭罔替的制度。在华居住几代之后，这些人的后人在语言上被汉语同化，已经无法驾驭祖先的语言，但仍旧在四夷馆任职，他们的翻译质量堪忧，甚至闹出了天大的笑话。相对来说，南方语言的翻译质量普遍要低一些，其中最离谱的当属明成化年间缅甸朝贡后，明宪宗让使臣带回缅甸的敕文。敕文正文当然是汉文，按照惯例由四夷译馆缅甸馆制作译文附于敕文，方便对方理解。只是虽然译文里面能见到不少缅甸字母，但这些缅甸字母拼写的根本不是正常的缅文，而是用字母给对应的敕文汉字注音了事。用英汉翻译打个比方，就是翻译官看到汉语的"天"，并没有翻译成英语的 sky，而是在汉字旁边注了个 tien。相对来说，明朝初年的《缅甸译语》虽然也偶有诸如把"天鹅"翻译成 မွိဝံပဲငန် （mui wam pai: ngan，注音为"某弯拜奄"，由"天鸭雁"组成）这样由汉语硬翻的错误，但是总体而言以此时的通事们的业务水平尚且不会出现拿拼音凑数的现象。成化年间负责缅甸翻译的四夷馆官员已经是标准的尸位素餐，对真正的缅语、缅文一无所知，可能只是学了缅文字母来糊弄了事。更神奇的是，四夷馆竟然并未发现如此离谱的错误，而是正常把这样的缅文作为外交文件使用了。

又如在翻译云南德宏地区的傣文时，有一本译语把

"十一"翻译成了"习稜"。这个"稜"是对应德宏傣语的 ᥘᥪᥒ（loeng，"一"的意思），然而德宏傣语在说"十一"时"一"用的是汉语借词 ᥥᥖᥳ（'ĕt）。显然作者的傣语水平充其量也就是"半瓶醋"，很可能并未系统学习过，以至于连很基础的数字也会弄错。

当然，南方语言的译语有时仍然能提供不少有意思的信息，如关于"老挝"怎么读的问题。今天中国人一般把"老挝"读作"老 wō"。要问起老挝这个国名的来源，最容易想到的解释当然是这是老挝的自称。老挝的主体民族老族确实自称为 ລາວ（Lao）。老族和中国云南的傣族、缅甸掸邦的掸族、泰国的泰族都是近亲民族。但是老族的这些亲戚都是自称为 Tai/Thai，只有老族独树一帜，自称为 Lao。不过，Lao 的称呼在东南亚古代也并不是完全按照国界划分，今天泰国东北部本是泰国前身暹罗王国从老挝前身澜沧王国夺取的湄公河西岸土地，当地居民大多数其实本是老族，因此泰国东北部的老年人也往往自称为 Lao。此外，历史上以清迈为中心的兰纳王国也曾经被暹罗人称呼为 Lao。

但是老挝来自 Lao 这个说法存在一个严重的问题，汉语"老"的读音和 Lao 已经足够接近了，对中国人来说，如果是音译 Lao 的话，完全没有必要画蛇添足，在"老"之外再增添一个"挝"字。而根据《明史》的说法，老挝的俗称为"挝家"，也就是说，"挝"一个字就足以代表老挝。

古人也并非没有对老挝地名的来源提出解释。早在明朝，博物学家谢肇淛就曾经提出老挝是"以其夷好佩雕爪"

得名。也就是说，谢肇淛认为"挝"字本是汉语来源，是汉语的"爪"后来出现了讹误所致。

到了民国时期，则把老挝称为"寮国"。这是当时在老挝经商的华人对老挝的音译。此时老挝属于法属印度支那的一部分。虽然寮国在中国大陆地区已经成为历史名词，但是用寮指代老挝并未完全绝迹，譬如老挝全国由北向南大体可分为北部的上寮、中部的中寮和南部的下寮三大区域，老挝人民革命军的前身为老挝爱国战线领导的"寮国战斗部队"，即"巴特寮"，这个词就是老挝语 ປະເທດລາວ（Pathet Lao / 老挝国）的音译。至今老挝的通讯社在汉语中仍然称作巴特寮通讯社。

"挝"字在现代汉语中并不常用，大多中国人除了在"老挝"这个国名之外，可能一辈子也未见得会用一次"挝"字。但是这个字并不是专门为了翻译老挝而造的，甚至还有着较为久远的历史。早在《魏书》中"挝"字就已经出现，使用场景为"挝鼓"。三国时期就有著名的"挝鼓骂曹"的故事，这里的"挝"读 zhuā，意思是击打。

今天的普通话，翘舌音配 ua 韵母的字很少。常用的只有抓、爪、刷、耍四个字，此外，西南地区常用的"挼"字也有个 ruá 的读音。实际上严格来说，"挝"读 zhuā 符合古今读音的演变规律；"抓"则不然，如果正常演变，在普通话里这个字的读音应该是 zhāo。可能是由于"抓"字读音不规则演变的缘故，后来"挝"字有时候也用来代替变成 zhuā 音的"抓"字。

中华人民共和国成立之后，当时的外交部部长陈毅元帅认为"寮国"含义不好，有丑化意味，遂决定给寮国另起汉语翻译。最终陈毅元帅在古书中翻出了"老挝"这个古称，这才让我们对老挝国的翻译从"寮国"变成了"老挝"。

老 wō 的读音其实是这次"老挝"复活的产物。在 20 世纪 50 年代的《新华字典》之前，汉语里从来没有过把"挝"读成 wō 的记录。所以，并不是"老挝"来自 Lao，而是 50 年代以后，因为我们把寮国改为"老挝"这个历史名称，加上"挝"这个字相当生僻，除了老挝国以外在日常生活中几乎没有使用场景，久而久之，由于我们认为老挝是 Lao 的音译，"挝"才有了 wō 这个读音。

那么之前老挝确实读"老 zhuā"吗？澜沧王国的老挝语名称为 ລ້ານຊ້າງຮົ່ມຂາວ（Lān Xāng Hôm Khāo），意思是百万头大象和白伞，百万头大象是夸赞军威之盛，白伞则是佛教中的吉祥物。一般情况下可以省去"白伞"部分，只以"百万大象"的音"澜沧"称呼。"百万大象"在清朝也翻译为"南掌"，属于清朝的朝贡国，因此在记录清朝和周边民族的《皇清职贡图》里面把老挝人称呼为"南掌国老挝"。澜沧王国早期都城在琅勃拉邦，后来由于缅甸入侵，澜沧王国被迫南下迁都万象。

译语系列的八百（对泰国北部兰纳王国的古称）部分中记载了"老挝"一词，泰文翻译为 เมืองชวา（Mueang Chua），注音"猛挝"。泰文的 Mueang 就是国家、城市的意思，所以实际上老挝的名称就是 Chua。ช 字母在今天的泰语读送气

ch，但在古代读浊音 j，在泰国北部的兰纳方言则是读不送气的 c，jua 被翻译成"挝"就不足为奇了。这个古代的声母在今天的老挝语中变成了 s，而 ເມືອງຊວາ（Muang Sua）本是老挝北部重镇琅勃拉邦的古称。

当澜沧王国的创立者法昂从高棉打回琅勃拉邦时，他从高棉带回了一尊青铜佛像，这尊佛像是他的高棉老丈人送给他的礼物，法昂回归琅勃拉邦后就将佛像安放于此。这尊佛像据传是来自锡兰国（斯里兰卡），名为"勃拉邦"，后来成为统治老挝权力的象征。今天的琅勃拉邦之名其实是来自于"勃拉邦"佛像。"琅"只不过是"大"的意思。而在勃拉邦佛还没到抵达琅勃拉邦时，琅勃拉邦自然不可能叫琅勃拉邦，而是称作"猛挝"，这也是汉语"老挝"的真正由来。

相比翻译南方语言经常出现离谱错漏，译语系列对北方语言的翻译要慎重得多。这大概是由于长期以来，中原王朝对北方的经略要更加重视一些。如《回回译语》（波斯语）就把中国拼为 جين，并注音为"赤尹"，和波斯语 Chin 的读音相当吻合。

在这场规模浩大的翻译运动中，《元朝秘史》就是其中的精品之作。一本全用汉字注音蒙古语的书，学出来的蒙古语还是否地道呢？

很多人在出国旅游前往往会在书店购买诸如《××语三百句》之类的读物，在这样的读物的帮助之下，游客大概能磕磕巴巴地用歪到姥姥家的外语和老外勉强交流。

并非这些读物不想让人把外语说得更好，只是不同语言的语音体系天差地别，所以用一种语言去注音另一种语言，一般来说很难尽善尽美。例如英语 thing，如果你用汉语注音那要怎么注呢？普通话里没有任何一个字能够注得妥帖。

那么如果真的要培训合格的汉语-蒙古语翻译，以汉语和蒙古语相差巨大的语音体系，仅仅采用汉字注音，如何能

《元朝秘史》书影

够说出流利标准的蒙古语呢？

在这个问题上，《元朝秘史》采用了更加科学的、堪称注音书典范的做法。

从《元朝秘史》的原书可以看出，这本书在注音的汉字大字旁边往往会有一些小字。正是这些不起眼的小字，起到了让注音更加清晰、准确的作用。

如蒙古语中存在颤音 r 和边音 l，但是汉语并没有读成颤音的 r。因此今天中国人翻译欧洲语言的 r 时也经常用 l 代替，如法国首都"巴黎"在法语中的实际拼写为 Paris（今天法语的 r 已经演变为小舌音），而法国南部城市 Lyon 翻译为"里昂"，法语中的 r 和 l 都用汉语的 l 翻译。

《元朝秘史》用汉字注音蒙古语时也有一样的问题。但是如果一个人以蒙古语翻译为业，却连基本的 r 和 l 都分不清，那就成大笑话了。《元朝秘史》的作者想出了一个颇为聪明的做法。上页图中的人名"赤列都"蒙古语为 ᠴᠢᠯᠡᠳᠦ（čiledü），le 用"列"来翻译。此人属蔑儿乞部，成吉思汗的母亲月仑夫人曾经是他的未婚妻，但是后来被成吉思汗的父亲也速该抢走。"亦列舌恢"则是 ᠢᠷᠡᠬᠦᠢ（ireküi），本是动词"来"的形动词形式，用作形容词。同样是"列"，这里就加注了"舌"用来和蒙古语中的 re 相对，这样汉语本来无法区分的 le 和 re 就能顺利分开了。

当一个词中先后出现 r 和 l，《元朝秘史》的做法就显得尤为有效。表示"上马"的动词 ᠮᠣᠷᠢᠯᠠ（morila）音译为"秣骊舌剌"，可以看出 r 要额外注明是"舌"。通过添加小字的方法，不但使注音更加精确，而且对阅读的影响较小。除了现在区分 l 和 r，《元朝秘史》还有大量的注音小技巧，如 ᠲᠥᠷᠦᠭᠰᠡᠨ（töregsen／生了的）注为"脱列舌克先"，不但"列"要注明是舌，"克"因为只需要读辅音，也要写成小字。

《元朝秘史》之所以在对音上如此讲究，可能是出于明太祖朱元璋的直接要求。根据《明太祖实录》，朱元璋"乃命火原洁与编修马沙亦黑等以华言译其语，凡天文、地理、人事、物类、服食、器用，靡不具载。复取《元秘史》参考，纽切其字，以谐其声音。既成，诏刊行之。自是使臣往复朔漠，皆能通达其情"。

朱元璋对《元朝秘史》汉文注音版的编修相当重视。这可能是因为蒙古语乃是前朝国语，在明初还有相当影响力。而且元顺帝北逃之后，蒙古草原仍然有蒙古政权存在，明朝需要和草原上的蒙古政权打交道，所派遣的使臣说的蒙古语至少得能让蒙古人听明白才不会酿成外交上的重大问题。遗憾的是，我们对《元朝秘史》汉译本第一作者火原洁了解甚少。现有的关于火原洁的所有史料几乎都只与他的翻译生涯有关，他名字的写法也有"火原洁""火源洁"两种，甚至清朝有人大概觉得火姓罕见，把他写成了"史原洁"。一般来说，火姓是内蒙古郭尔罗斯蒙古族使用的汉姓，可以想见，火原洁的母语应该就是蒙古语，他的蒙古语相当熟稔，其水平不是后期滥竽充数的四夷馆通事们可比的。

作为明朝的前朝——元朝的官方语言，蒙古语在明朝人能接触到的诸多语言中地位颇高。不少汉人，尤其是大都的汉人也有一定的蒙古语水平。关汉卿可说是元代最有名的剧作家，尤其擅长杂剧。尽管关汉卿鼎鼎大名，但是对于他的生平我们可说知之甚少。比较确定的是，关汉卿出生于金朝，并不是蒙古人，但是关汉卿的作品中时而会出现蒙古语，比如《邓夫人苦痛哭存孝》。

真实历史中的李存孝原名安敬思，是唐末到五代时期的名将，为代州飞狐（今河北涞源）人。安姓是中古时期所谓"昭武九姓"之一。姓安的大多原籍西域安国（即今天乌兹别克斯坦布哈拉），原本是粟特人。粟特人在唐朝北方的影响极大，是唐人所说的胡人的重要一支。

李存孝因被河东节度使李克用收为养子故改姓李。李克用为沙陀人出身，沙陀人为西突厥分支。以李存孝的出身和生平来看，他会说的语言除了汉语之外，可能还有粟特语以及突厥语。

李存孝后来因与同为李克用养子的李存信发生矛盾，遭到李存信构陷，反叛李克用。李克用击败李存孝后本不想杀他，但是因为其他部将没有愿意为李存孝求情的，李存孝最终被车裂处死。李克用后来谈到李存孝就泪流不止。

可能是因为李存孝经历的悲剧色彩，元杂剧里李存孝出场甚多，人们热衷观看这样一位悲剧英雄的故事。其中关汉卿所著的《邓夫人苦痛哭存孝》以李存孝蒙冤去世后，夫人邓氏哭祭，最终冤情昭雪、恶人被惩治为故事主干，算是关于李存孝的杂剧中的佼佼者。

《邓夫人苦痛哭存孝》里一开始就是李存孝的念白："米

罕整斤吞，抹邻不会骑。弩门并速门，弓箭怎的射？撒因答剌孙，见了抢着吃。喝的莎塔八，跌倒就是睡。若说我姓名，家将不能记。一对忽剌孩，都是狗养的。"大概是为了突出李存孝的胡将色彩，剧本里面李存孝说话时夹杂些蒙古语的单词。这当然是关汉卿有意为之。理论上说，李存孝自然应该说粟特语或者突厥语。然而，且不说关汉卿大概率从没接触过这两种在他生活年代几百年前的古代语言，就算关汉卿本人天赋异禀精通古语，看戏的市民也必然如闻天书。在当时的大都，要想让一个角色有"胡"的色彩而又不能让观众丈二和尚摸不着头脑，使用蒙古语是必然的选择。尽管粟特语或突厥语和蒙古语相差甚远，但是短短几句夹着蒙古语的对白还是将李存孝的身份向观众交代得一清二楚。

只是对于今天不是蒙古族的读者来说，这个开场白就有些难懂了。这里简单解释一下："米罕"即为蒙古语 ᠮᠢᠺᠠ（miq'a），是"肉"的意思；"抹邻"是 ᠮᠣᠷᠢ（mori），是"马"的意思；所谓"弩门"和"速门"，则分别是蒙古语 ᠨᠤᠮᠤ（numu）和 ᠰᠤᠮᠤ（sumu），意即"弓"和"箭"（今天内蒙古自治区相当于其他省"乡"一级的行政区划为"苏木"，即来源于后者）；"撒因（ᠰᠠᠶᠢᠨ/sayin）"是形容词，就是"好"的意思；"答剌孙（ᠳᠠᠷᠠᠰᠤ/darasu）"是"酒"；"莎塔八"即 ᠰᠣᠭᠲᠣᠪᠠ（soɣtoba），是"喝醉"这个动词的过去式；"忽剌孩"则为 ᠬᠤᠯᠠᠭᠠᠢ（qulaɣai），是"贼"之义。

如此一来，李存孝的形象跃然纸上。可能是由于里面用的蒙古语有些不算特别常用，开场白的汉文部分还为蒙古文部分起到了说明作用。

话又说回来,那么关汉卿写的蒙古语是否准确呢?细心的读者可能已经发现关汉卿的记音和蒙古文比起来似乎总是多出了一个 -n。这是不是因为关汉卿不是蒙古族人,所以听蒙古语的时候发生了讹误呢?事实并非如此,蒙古语大多数以 -n 收尾的名词,-n 都属于所谓"不稳定 n"。在现代蒙古语中,这个 n 在名词的一些格变化中会消失,其中就包括主格、宾格和工具格。然而在一些蒙古语方言,如布里亚特方言、卫拉特方言中,这类词的默认形式就会带上 -n。而在古典时代的蒙古书面语中,名词所有的变格形式都要带 -n,但是在充当不定宾语(如"骑马"的"马"和"烤肉"的"肉"不是指特定的某匹马或某块肉)等一些语法功能时也不带 -n。

因此并非关汉卿听蒙古语时听出了不存在的 -n,而是当时的蒙古语就是这样。当然如果硬是吹毛求疵,这段戏文里的"肉""马""酒""弓""箭"都是不定宾语,应该采用不带 -n 的形式。不过关汉卿创作时大概是向会说蒙古语的朋友询问这些词怎么说,所以对方直接告诉了他当时带 -n 的主格形式。此外,关汉卿杂剧中的蒙古语比现代蒙古语更加古老也通过全剧的第一个词"米罕"体现出来。今天这个"肉"在大多数蒙古语方言中已经变成了 /max/,关汉卿记录的"米罕"不但保留了鼻音 -n,而且元音的发音和书面蒙古文保持一致,不像现代蒙古语诸方言 i 受到 a 的影响变成了 a。也就是说,这些存在元曲里的只言片语往往保留了较老的蒙古语读音。

更有意思的则是这部杂剧里是怎么使用称谓的。由于《邓夫人苦痛哭存孝》里出场的人物大多是唐朝时的胡人和沙陀人，人物之间的称呼也颇有异域色彩。李存孝和李存信等人都把李克用叫"阿妈"，李克用为男性，"阿妈"当然不是汉语母亲的意思，而是"父亲"之义。

这样的用法不会是汉语自行产生的。汉语"妈"其实本就是"母"的一种存古读音，整个汉藏语系读"母亲"的读音都差不多，是绝对不会和父亲串到一起的。这里"阿妈"变成了父亲，则是受到其他语言的影响。

虽然标准蒙古语里父亲称为ᠠᠪᠤ（abu），但是在一些地区蒙古族的日常口语里，父亲就称为ama，这可能和清朝兴盛一时的满语有关。拜源源不断的清宫戏所赐，现在大概全国人民都对"阿玛"不陌生（这里应该指出，虽然"阿玛"在满语里确实是父亲的意思，但是"皇阿玛"则是影视作品的想象，在清朝并不使用）。此外，元朝之前的金朝使用女真语，女真语是满语的近亲，女真语里父亲的称呼为amin。

既然"阿妈"已经被父亲占用，那么母亲自然就叫不得"阿妈"了。这出戏里李克用的夫人刘夫人被几个养子称作"阿者"，和蒙古语对妈妈的称呼ᠡᠵᠢ（eji），即今天蒙古语歌曲中常常出现的"额吉"非常接近。有趣的是，刘夫人大概由于是汉族人的关系，在戏里面还是经常自称"娘"。

更加有意思的是，《邓夫人苦痛哭存孝》的核心情节也和蒙古语有关。在剧情中，李克用喝醉了以后说了句"五裂簸迭"，这个奇怪的词本来是蒙古语ᠦᠯᠦ（ülü，不）和ᠪᠤ

（mede，知道）的组合，只是说李克用说自己已经大醉没有知觉。不料被李存信和康君立两个奸人故意曲解，说这是李克用下令要"五裂"（车裂）李存孝，因此李存孝含冤枉死。

元杂剧的大部分观众应该是大都的百姓，这些普通百姓若是丁点儿蒙古语都不懂，大概是看不懂杂剧的，由此可见，在元朝时大都百姓具备一些蒙古语知识应该较为普遍，不足为奇。至少当他们听到"阿妈"是个男人时，不会觉得特别古怪。

而且终明一朝，蒙古人在草原的势力依旧非常强大。元朝灭亡后有北元，后来又有俺答汗、三娘子等人物，甚至明英宗因贸然北征而遭遇土木堡之变。蒙古军队更是一度围攻北京，差点重兴元朝霸业。明成祖朱棣迁都北京后，明朝都城位于华北平原最北端，离蒙古人活跃的草原地区近在咫尺，北京是元朝的大都，本也有不少蒙古人在明朝留在北京，有些更是为明朝效力。因此明朝虽然是个中原王朝，但是前期通晓蒙古语的人不在少数，断不至于有人敢像《缅甸译语》般滥竽充数。反倒是《元朝秘史》中使用的汉语翻译腔浓重，不少地方读起来颇有生硬而不合汉语习惯之处。如将"速灭思"翻译为"佛每"。所谓"速灭思"实际就是 süme 的复数形式 sümes，添加 -s 是蒙古语名词变复数的方法之一。即便在今天，汉语出现复数"们"的场合基本限于代词"我们、你们、他们"，或者某特定群体如"工人们、记者们"等等。以汉语的习惯来说，和"佛们"等价的"佛每"无疑是个颇为拗口、脱离日常语言习惯的表达。

当然《元朝秘史》的蒙古语注音也并非完全无懈可击。尽管《元朝秘史》的作者已经竭尽所能使得对音准确，但是在一些场合还是难免出现一些不得已的权宜之计。

蒙古语的元音有阴阳性之分，传统上的七个元音除 i 之外分为 a、o、u 和 e、ö、ü 两组，分别为阳性和阴性，原则上一个词里面要么都是阳性元音，要么都是阴性元音。第七个元音 i 则是中性元音，既可以和阴性元音一起出现也可以和阳性元音一起出现。

《元朝秘史》可以轻松区分 a 和 e，但是对 u 和 ü 的区分则无能为力。《元朝秘史》中 tu/tü 一般是用"土"和"秃"来翻译，然而这两个字并非分别固定对应 tu 和 tü，而是基本可以自由换用，作者也并没有通过加注小字的方式予以区分。当然，传统的蒙古文也存在类似的问题。回鹘式蒙古文（即塔塔统阿所创制的蒙古畏兀儿字）由于从粟特和回鹘文带来的拼写习惯，拼写上颇有些独具一格，如不太能区分 t、d。对于熟悉蒙古语的蒙古人而言，这并不是大问题。譬如写作 ᠲᠠᠯᠠᠢ 的词，理论上说可以表示 talai/telei/dalai/delei，会蒙古语的人自然能够知晓蒙古语中实际只存在 dalai 和 telei 两个词，根据上下文语境就能判断表示的到底是 dalai（海）还是 telei（裤腰带）。然而对于母语不是蒙古语的学习者来说，这就大大增加了学习的难度。

相对来说，《元朝秘史》的注音可能对第二语言学习者更友好一些，甚至有时候还保存了比现行蒙古文更老的读音。如《元朝秘史》中把"兔子"写成"塔兀来"，此时这个词仍然是分成三个音节。今天几乎所有蒙古语方言都已经把 ᠲᠠᠤᠯᠠᠢ（taulai）读成两个音节了。

又比如成吉思汗的母亲在《元朝秘史》中被转为"诃额仑兀真"。她的名字就是"诃额仑"，"兀真"则是对蒙古贵族妇女的称呼。诃额仑是洪吉剌部人，按照拉施特《史集》的说法，洪吉剌部居住在金朝边境附近，因此使用"他们的语言"（汉语）来称呼妻子。"兀真"这个称呼的来源是汉语的"夫人"。由于蒙古语早期并无 f（即便是现在 f 也只是在借词中出现，有些只会说蒙古语的老人发 f 还是有所困难），"夫人"到了蒙古语里就变成了 hujin（更早期也可能是 pujin），再后来 h 脱落变成了"兀真"。这个"兀真"的称号在蒙古语里仍然存在，在今天的蒙古文里写作 ᠤᠵᠢᠨ（ujin），但是在一本古书《蒙古黄金史》里，这个单词写作 ᠤᠭᠴᠢᠨ（uučin），比起今天蒙古文的写法，在词头多出了一个 u 字母。

《蒙古黄金史》可能是失传已久的原版《蒙古秘史》的珍贵残存，今天的《元朝秘史》是元朝国史《脱卜赤颜》的一部分。原版《蒙古秘史》的失传可能和元朝对待历史的态度有关。元朝修编历史向来的规矩是收藏在宫廷之中秘不示人，因此元朝一朝就算是蒙古人也很少有人能读到。假设元朝的统治一直稳定，这本也算不得什么很大的问题。然而可能让元朝始料未及的是，元末各路义军风起云涌，元朝退出中原，撤回漠北，整个过程过于仓促，本来秘不示人的国史竟然未能及时收拾，落入了敌方手中。最终本来在大都宫廷的国史被带到了南京，并被翻译成了《元朝秘史》。

在注音版《元朝秘史》刚刚问世的时候，这本书的原始文档——蒙古文版的《蒙古秘史》应该尚未失传。甚至可以想象，在早期版本的《元朝秘史》里，或许也有汉字注音和蒙古文原文对照的版本。然而，明朝以后随着蒙古语影响力的逐渐减退，《元朝秘史》原本对应的蒙古文原文在传抄过程中逐渐被丢弃，只剩下了今天的汉文注音版本。

《蒙古黄金史》的部分内容可能出自某个业已失传的《元朝秘史》的底本，这个底本也可能就是现今的汉字注音版的《元朝秘史》所依据的原始材料。《蒙古黄金史》的作者为18世纪的青海蒙古族贵族罗卜藏丹津（བློ་བཟང་བསྟན་འཛིན་/blo bzang btsan 'dzin）。从他的名字可以看出，罗卜藏丹津的家族已经深受藏族文化影响。

17世纪早期，和硕特部虽然在新疆与准噶尔部竞争失败，但是在青海仍然称得上是兵强马壮，在进入青海以后很快击败了却图汗，取得了青海草原的主导地位。五世达赖赠和硕特部的首领图鲁拜琥"固始·丹增曲结"的称号（因此他也被称为"固始汗"）。所谓"固始"是汉语"国师"的音译，"丹增曲结"就是藏语"持教"。这个称号在蒙古语中则称"固始·诺门汗"，所谓"诺门"，即蒙古语ᠨᠣᠮ（nom）。这个词传入蒙古语的历程相当曲折，它最早来源于希腊语νόμος（法典），从希腊语转入粟特语，最终通过回鹘语输入蒙古语，在蒙古语中衍生出了"书籍"的意思。

作为固始汗的孙子，罗卜藏丹津在清军入藏平乱后一度想要让清朝封自己为藏王，未果后联络青海蒙古诸部反清，被年羹尧和岳钟琪击败后穿上妇人的衣服遁逃往自己祖上的仇家准噶尔。乾隆年间灭准噶尔后罗卜藏丹津被清军俘获，带回北京，后在北京平安终老。罗卜藏丹津的一生跨越青藏高原、新疆和北京，人生经历非常丰富，这也反映在了《蒙古黄金史》里。一个有趣的案例就是，可能由于罗卜藏丹津深受藏文化浸淫，他将成吉思汗的祖先追溯到吐蕃王朝第32任赞普囊日伦赞，这位传说中的吐蕃赞普就是著名的松赞干布的父亲。

如果是用今天的蒙古文的话，诃额仑（ᠥᠭᠡᠯᠦᠨ/Ögelün）和兀真两个词都是ᠥ开头，事实上，成吉思汗母亲的称呼后来又被翻译为"月伦夫人"，"月伦"就是一个零声母的词，但是《元朝秘史》的用字则显示作者认为"诃额仑"有个h-。如果你注意看蒙古文的写法，就会发现这个元音字母顶着一个᠊冠，从来源上说，这个字母就是来自粟特文和回鹘文的第一个字母aleph。蒙古文所有以元音开头的词都会加上这个冠，就算在拼写较为古老的文献，如《蒙古黄金史》中，也是如此，等于是所有元音开头的蒙古文单词全部加上了辅音，从设计上回鹘式蒙古文就没有留下能够区分h-和零声母的可能。除了《元朝秘史》之外，判断古代蒙古语有没有h-还有一类可以依靠的材料，即元朝的官方文字八思巴字。

众所周知，忽必烈曾经遵奉来自西藏萨迦的八思巴为国师。作为忽必烈汗统一文字的大胆尝试，至元六年（1269年）二月，忽必烈下诏颁行此前不久由八思巴创制的新字，用以"译写一切文字"，称为"蒙古新字"，后世称"八思巴字（文）"。自此，元朝的正式诏书圣旨以八思巴字书写。随后，八思巴字的通行范围渐渐推广扩大，在官方领域全面推行。同年七月，京师之外的诸路设置蒙古字学，招收生员学习。至元七年十月，规定宗庙祭祀祝文需要以八思巴字书写。仅仅几个月后的至元八年正月，在京师设立蒙古国子学，并规定凡是蒙古字学生皆可以"免一身差役"。忽必烈甚至下诏禁止把八思巴文称为"新字"，而要称为"蒙古字"。非但如此，八思巴文的使用范围仍在元朝官方要求下不断拓展，诸省部台院的奏目需要用八思巴文书写，怯薛（宿卫）和必阇赤（文书官员）限期百日内学会，推广力度不可谓不大。甚至连蒙古人之前使用的回鹘文字都遭了殃，在奏目和文册中被命令禁止使用。

有意思的是，热衷推广八思巴字的元世祖忽必烈本人倒未必真的能够读懂这种文字。忽必烈曾经对自己的女婿高丽忠烈王说过："朕不识字粗人，尔识字精细人，其听朕言……"根据元朝时的记录，忽必烈蒙古语和汉语水平都很不错，甚至有过纠正翻译官翻译错误的记录。不过会听说是一回事，会读写是另外一回事。这个让忽必烈如获至宝的八思巴文究竟是一种怎样的文字呢？

总的来说，八思巴文可以说是藏文和回鹘文两种文字的综合体，最重要的参考来源是藏文的乌金体（有头体），八思巴文的辅音体系照搬藏文字母，但是表示元音则依照回鹘文（以及脱胎于回鹘文的蒙古文）一样另写字母，不像藏文那样在辅音上添加符号。文字书写则采取回鹘文的方式从上到下竖写。

由于八思巴文是人工设计的，用以书写天下语言，八思巴本人极其聪颖，且因为出身西藏高僧世家，有较大可能对古印度较为发达的声明学（佛教中研究语言的学问）研究颇深，因此八思巴文字是元朝唯一可以完整反映当时蒙古语语音的书写体系。中世蒙古语的七个元音，八思巴文都能够区分。尤其是对 o、u、ö、ü 都能做到系统区分，这是回鹘体蒙古文和汉字对音统统都做不到的。

虽然由于八思巴字在民间的推广并不算成功，导致八思巴字写成的文段体裁相当有限，多是一些官样文章和套话，但有赖于这种文字本身表音的精确性和作为官定文字的严肃性，八思巴字为现代人了解元朝蒙古语的具体发音提供了不可多得的材料。相对《元朝秘史》来说，八思巴字不但时代更早，而且注音直接，并不像回鹘式蒙文由于照搬回鹘文使用习惯加入了一些较为复杂的规则。如"大象"在蒙古文中写作 ᠵᠠᠭᠠᠨ（jaɣan），蒙古高原地处寒冷的北地，本来并无大象，蒙古语的"大象"是个汉语借词。在元朝早期成书的蒙汉词典《至元译语》里，大象的蒙古语读音被注为"诈安"，而八思巴字蒙古文则写作 ꡒꡂꡋ（ja'an），今天的蒙古语"大象"的读音则是 /tʃaːn/，只有一个长元音 /aː/。从《至元译语》的对音和八思巴字书写来看，元朝蒙古语"大象"的读音和今天差不多，并没有把 ɣ 读出来，加上"象"的汉语原词也没有 ɣ，借到蒙古语中不至于无中生有，回鹘式蒙古文写出 ɣ 可能只是为了表示长元音而已。八思巴字表示 h- 也毫无问题。譬如数字"10",在八思巴文中写作ᡐᠠᡴ ᡕᠠᠨ(har ban),在今天的蒙古语中则写作ᠠᡘᠪᠠ(arba),词首的 h 已经消失,但在达斡尔语等蒙古语的近亲语言中,词首的 h 仍然存在。

既然是用来"译写一切文字",那么作为元朝使用人口最多的语言,汉语又是怎么用八思巴文书写的呢?

元朝时汉语各地方言分化已经相当厉害。汉字并无很强的表音属性,因此各地方言均可以用汉字书写,只是每个汉字在各地读音不同罢了。然而作为新设计的拼音文字,八思巴字的每个字母有着固定的读音,一个八思巴字只会有一个唯一正确的读音,因此首先要解决的问题就是,到底应该拼写哪里的汉语。

作为元朝一统天下的国字,当然不可能在哪儿写的八思巴字就用哪儿的方言。实际上,元朝的八思巴字写汉语有相对可靠的规范,即《蒙古字韵》体现的语音体系。

《蒙古字韵》目前全球仅存一件抄本。19 世纪后期,英国医生卜士礼(Stephen Wootton Bushell)在北京任英国驻华使馆医师。1872 年卜士礼曾经造访元上都(今内蒙古正蓝旗上都镇),在忽必烈迁都大都之前,上都是元朝的都城。迁都之后上都也长期作为陪都和夏都,是来自凉爽草原的元朝皇室的避暑行宫。元帝每年从春分到秋分都在上都居住。元朝末年红巾军攻入上都焚毁宫阙,大约十年之后,明将常遇春攻克上都,改为开平府。明成祖朱棣于永乐元年(1403 年)撤开平卫,上都城被毁弃。

卜士礼到底是怎么在上都得到《蒙古字韵》抄本的已不

[图片：《蒙古字韵》抄本书影，页面上部为八思巴字，下部为对应汉字]

平林琳淋霖临上廪懔凛
平淫霪婬蟫
平惏
平音阴瘖上饮去廕窨䗪癊飲
平谙忺㥁上甚去甚
平深上沈䏡瞫諗渗嬸沈
平寻鐔潯薓濅
平心去沁
平侵綅駸上寖侵鋟去沁
平梫去浸寖帘入裌

《蒙古字韵》抄本书影

可考。可能是由于那里曾为元朝陪都,城毁后大量书籍文献流散到当地,并且通过抄本的方式传到晚清。卜士礼于 1908 年去世,次年,其遗孀将这份珍贵的抄本卖给了大英博物馆。大概是 Bushell 这个姓比较罕见,因此早期学者(如罗常培)常错以为是某个 Russell 夫人卖给大英博物馆的。从抄本质量来看,抄写人自己已经不懂八思巴字,只是照葫芦画瓢将原抄本的八思巴字"画"出来,就如外国人初学汉字时是画字而非写字那样。这样画出来的字自然是不够美观，甚至还偶尔会出现讹误，但这个不懂八思巴字的抄写员为我们今天了解《蒙古字韵》留下了唯一的原始材料。

《蒙古字韵》可以说是命运多舛。明朝著名的《四库全书》中提到了《蒙古字韵》的情况。根据《四库全书》的信息，《蒙古字韵》的作者是朱宗文，信安人，因为曾经上过蒙古字学也给自己起了个蒙古名字"巴颜"。《四库全书》对《蒙古字韵》的评价并不高，认为元朝的国书、国语音译久已传讹，生于元末至正年间的朱宗文又是南方人，以"隔膜之见"比附推寻，因此译音"实多不能吻合"，因此《四库全书》决定不收这本书，而是仅仅存目。无怪乎后来《蒙古字韵》沦落到只剩一份抄本了。

现有晚清抄本保存了朱宗文和刘更的两篇序。刘更是朱宗文的老师，两人都是今天浙江西南部衢州一带的人。序中提到，《蒙古字韵》详细校对了当时各抄本的作品。有意思的是，《四库全书》的作者大概真的对待《蒙古字韵》太过草率，连其作者是什么时代的人都弄错了。两篇序都明确提到写作时间是至大戊申年，即1308年，时值元武宗海山在位，尚属元朝中期。朱宗文无论如何也不可能是至正年间生人。《四库全书》中其他对《蒙古字韵》的批评也未见得合理。《蒙古字韵》对汉字的注音在八思巴字文献中相当有代表性。其他用八思巴字译写的汉文有时拼写会与《蒙古字韵》的规范稍有不同，但是总体而言万变不离其宗，拼的都是《蒙古字韵》所体现的语音体系。

泉州传教士墓碑,1314 年

八思巴字铭文为汉字"翁舍杨氏墓道"的记音

就如前文所述,八思巴字设计得颇具巧思,标音堪称精确合理。从语音体系来说,同属汉藏语系的汉语与藏语较为接近,用八思巴字来给汉语标音按理来说应是手到擒来,甚至比给蒙古语标音还要方便得多。然而八思巴字写汉语仍然有个巨大的漏洞,那就是声调的表示。元朝初年包括萨迦在内的卫藏地区的藏语还有着较为复杂的韵尾系统,声调尚未发展到今天的程度,因此八思巴对汉语的声调并不是很敏感,以至于八思巴文拼写汉语时竟然完全无视了声调。由于声调在汉语音系中有极其重要的作用,八思巴文在用来译写汉语时效果必定难以令人满意,只须稍稍想象一下不标声调的拼音文章该有多么难读就不难得出这一结论。

可惜的是,元世祖的理想非常丰满,只是现实是虽然八思巴字理论上堪称科学,但是终究没有能够取代各民族旧有的文字,在元朝之后,八思巴字很快销声匿迹。有趣的是,虽然八思巴文在中国差不多算是"死透了",但是"墙里开花墙外香",朝鲜世宗创制朝鲜文时,很有可能参考了八思巴文。虽然朝鲜文受汉字影响写成了方块字,但是辅音构件和八思巴文的字母相当相似。

随着"用于书写一切语言"的八思巴字颁行,元朝境内甚至周边的各种语言彼此有了更深的接触,那么它们又会怎么翻译"中国"呢?

《元朝秘史》里把宋朝称作"赵官",就是之前已经提到的契丹语的 Jauqu,这个词可能属于蒙古语系中的词根 -n 不稳定的那类,《元朝秘史》时代的蒙古语就出现了这个不稳

定的 -n。这个名字来自宋朝的皇室赵家。中古时代中国人习惯把皇帝称为"官家",赵氏就是赵官家了。音译的"赵官"还恰好还原了这个词本来的面貌。蒙古人的"赵官"是沿袭契丹语的说法,但是使用范围有所扩大。从同期其他的材料看,后来蒙古语的"赵官"并不一定专指宋朝或中国南方,辽、金、宋统统可以称为"赵官",甚至指向还稍微更偏向北方一些。《至元译语》中将"赵官"音译为"札忽(歹)",是这个词表示人的形式。对于中国南方,《至元译语》给出的翻译则是"囊家(歹)",其实这是沿袭自金朝对南宋的称呼"南家",只是发生了变音。"南家"在《史集》中则是 ننكياس(Nankyas),多出来的 -s 是蒙古语的复数形式。有趣的是元朝蒙古人起名相当自由,有很多纯正的蒙古人也叫"囊家歹"。

明朝对蒙古的敕书中,摒弃了这些旧有的名字。早期由火原洁本人翻译的敕书中,中国被意译为"朵脱剌舌都兀鲁斯","朵脱剌舌都"旁边标"中原"。从发音来看,这个词可以还原为 ᠳᠣᠲᠣᠷᠠᠳᠤ(dotoradu),意思是"内、里",直译为"里国"。另外一封敕书中则出现了"朵脱剌舌因兀鲁思","朵脱剌舌因"应该是 ᠳᠣᠲᠣᠷᠠ ᠶᠢᠨ(dotora-yin),这只是 dotoradu 的同一个词根的不同形式而已:dotoradu 是形容词,dotora-yin 是名词的领格,此处意思上无大区别,大概就如"里国"和"里的国"这样。可能是因为明朝初年这个中国的称呼刚被发明出来,尚且不稳定,以蒙古语为母语的火原洁在翻译时又可以自由发挥,而不像后来语言不熟练的通事们只能亦步亦趋地沿袭先例以防出错，后来版本的译语则出现了"敦塔兀鲁斯"[所谓"敦塔"应该是 ᠳᠤᠮᠳᠠ（dumda），是"中"的意思]，这个翻译后来成了现代蒙古语的 ᠳᠤᠮᠳᠠᠳᠤ ᠤᠯᠤᠰ（Dumdadu Ulus）。

而在其他一些语言中，对中国的称呼无非"中国"或者"大明"的某种变音。在《朝鲜馆译语》里，"中国"被翻译成"董谷"，看似古怪，实际上这只是朝鲜语音读"中国"。现代朝鲜语"中国"读为중국（Jungguk），但是在中古汉语里，"中"这个字的声母还是一个卷舌的 /ʈ/，是上古汉语的 /t/ 在某些条件下分化出来的，这也是为什么"终"可以用"冬"作为声旁。今天福建的方言"中"的声母一般都还和"冬"一样读 /t/（汉语拼音 d）。朝鲜语当年从汉语借入读音时，由于自身没有卷舌的 /ʈ/，就直接用普通的 /t/ 代替了。朝鲜文字在 15 世纪发明，当年"中国"曾经拼写为등국（Dyungguk）。从 16 世纪中期的《朝鲜馆译语》"中"读"董"来看，此时朝鲜语的中国尚且仍然读등국，只是这时汉语官话也对不出 dyung 音，所以就直接忽略了介音，对作"董"。但是朝鲜语后来自己独立发生了 di- → j- 的腭化音变，"中"的读音反而恰巧和现代汉语更加接近了。同样，琉球馆把"大明"翻译成"大苗"，也只是其在琉球地区的读音而已，今天日语吴音"明"读作みょう（myō），在更古的时代"明"则是みゃう（myau），非常接近汉语的"苗"。琉球语虽然和日语并非同一种语言，但同根同源，汉字音体系也有接近之处。

还有一些相对奇怪的对中国的称呼。如《暹罗馆译语》

中的一个版本，"大明"翻译为 ต้าหมิง（Ta Ming），尚属正常，但是后期的一个版本出现了"普利亚镇"。这里的"普利亚"大概是泰文 พระยา（Phraya，领袖、君王），"镇"则十之八九是翻译的泰文 จีน（Chin）[泰人南迁中南半岛之后受到印度文化的影响，采用了南亚次大陆的梵语或巴利语对中国的称呼 จีน（Cīna）]。这样一个奇怪的叠加大概是为了突出"天朝上国"的气度。不过后期这个版本都能把"星"翻译成"西因"（泰语实际说 ดาว/dao），显然是粗制滥造之作。"普利亚镇"到底是不是真实存在过的中国之名还得打一个问号。

荆楚与 Chin

整体而言，我们伟大祖国在外语中的名称还是以 Chin 和它的其他变体起源最久、分布最广。但是 Chin 到底是由何而来呢？

如前文所述，Chin 最早出现在印度语和伊朗语中，假如来自中国北方，则 Chin 用来模仿秦或晋尚算妥当。但是由于传播路径复杂，中间如果被缺乏浊音的语言倒过手，那么这就算不上决定性的证据了。

一本古书的存在让问题变得更加复杂了。古代伊朗人的民族宗教祆教最重要的经典《阿维斯陀》中有相当一部分是赞美诗。其中，《法瓦尔丁赞美诗》的两行诗句为："我们礼拜中国圣男子的佛拉瓦奇；我们礼拜中国圣女子的佛拉瓦奇。""佛拉瓦奇"是祆教的一个宗教概念，相当于人出生时伴随的代表正确生活方式的精灵。

这些赞美诗原文为阿维斯陀语写成，这种语言是一种东部伊朗语，是波斯语的"同宗亲戚"。在波斯被阿拉伯征服后，一些不愿生活在阿拉伯人统治下的波斯人东逃印度，他们在印度古吉拉特邦形成了著名的帕西人社区。所谓帕西人，即波斯人的音译。今天的波斯人自称 Fārsi，这个名字来源于伊朗西南部的法尔斯省（Fārs），这个区域是波斯人的原乡。

在阿拉伯入侵前，波斯语本没有 f 音。古代法尔斯省并不叫 Fārs，而是叫 Pārs，这也是为什么中国古代将其音译为"波斯"。但是阿拉伯语有 f 无 p，甚至阿拉伯字母本来就没有表示 p 的字母，只有表示 f 的 ف。阿拉伯征服后，波斯人一方面受到权威语言阿拉伯语的影响，另一方面在波斯人改造阿拉伯字母 ب（b）发明字母 پ（p）之前，只得权且借用阿拉伯字母 f 来书写波斯语的 p。久而久之，一些波斯语本有的单词中的 p 竟然也被带跑，读成了 f，包括"波斯"自身。相反，由于早早跑到了印度，帕西人的自称并没有受到阿拉伯语的影响，就保留了早期波斯语的读音。

帕西人逃印后起初主要务农，他们在语言上逐渐被古吉拉特当地人同化，信仰上则维持了祆教。英国人占领南亚次大陆后，帕西人开始涌入孟买，接受英式教育，寻找商业机会。孟买的帕西人虽然数量不多，但是他们在商业上极其成功，许多孟买富豪家族就是帕西人出身。历史上一部分帕西人也移民香港经商，在香港称为巴斯人，其中部分家族正是靠着贩运鸦片入华致富。由于宗教信仰原因，帕西人平时一般穿一袭白衣，相当惹眼。他们传承了古老的祆教和《阿维斯陀》。

《法瓦尔丁赞美诗》的这两句诗中，"中国"写作 ܣܣܝܢܝܢܡ（Sāininąm），刨除国家通名 -nąm，写法其实是 Sāini。《阿维斯陀》的赞美诗部分成文非常早，但是这几句提及中国（以及其他国家）国名的诗可能是后加的。就算如此，这些诗句也有可能是来自公元前 3 世纪甚至更早，这个 Sāini 可能是整个 Chin 系列的第一次出现，然而语音上却有些古怪，和后来的伊朗语有点对不上号。从这个词的读音来看，仍然是更接近"晋"，但是也不能完全排除"秦"。

如果是南方来源，则 Chin 又会是来自哪里呢？

一种比较离奇的说法是，Chin 是来自"夜郎自大"的夜郎国，外传过程中不明就里的外国人误将夜郎国当成中国的代表。古印度位于中国西南侧，古代有蜀身毒道沟通。张骞出使西域时曾在大夏看到过经身毒（古印度）国转口进口的中国蜀布和邛竹杖。古代从中原向西南方向会经过夜郎国。尽管留下了"夜郎自大"的笑柄，但是战国后期到秦汉，夜郎确实是西南地区颇具实力的政权。因此 Cīna 之名来自"夜郎"不是不能理解。但是夜郎在上古汉语的读音实在和 Chin 差得太远，以至 Chin 没有可能来自"夜郎"。

另外一种可能性稍大的解释则是来自南方最重要诸侯国——楚国。这里曾经发掘出堪称上古中华文化代表的一件珍贵帛书，只是遗憾的是，它并没有像景教碑那样留在中国，而是被带到国外了。

如果你在十年前有机会去欧美国家而又热衷于逛博物馆，可能会发现，在这些国家的博物馆中有个经常出现的名字——Sackler（赛克勒）。纽约的古根海姆博物馆有赛克勒艺术教育中心（Sackler Center for Arts Education），美国自然历史博物馆则有赛克勒比较基因学院（Sackler Institute for Comparative Genomics），大英博物馆有雷蒙德与比佛利赛克勒展间（Raymond and Beverly Sackler Roomes），巴黎卢浮宫有赛克勒东方古董走廊（Aile Sackler des Antiquités Orientales），等等。甚至就连在中国也能看到这个和东方艺术密切相关的名字，在北京大学就有赛克勒艺术与考古博物馆。

这些以赛克勒为名的机构都是以美国著名的富豪家族赛克勒家族冠名。不过曾经很多以赛克勒命名的机构展厅现今已经纷纷抛弃了赛克勒家族，不再接受该家族的捐助。这得归因于赛克勒家族旗下的普渡制药制造的一场灾难。

普渡制药为了利益考量，在明知阿片类药物危险性且滥用药物非常普遍的情况下，仍然向医生推销奥施康定。奥施康定引发的美国阿片类药物成瘾大流行，最终发酵成美国历史上制药业最大的丑闻之一。据统计，可能有多达50万名美国人因为过量服用奥施康定丧生。

丑闻爆发后，之前受赛克勒家族资助的一些博物馆和机构采取了与赛克勒家族划清界限的割席手段，生怕因被赛克勒家族牵连而名誉败坏。从牵涉的艺术类机构的数量应该可以看出，赛克勒家族对艺术极为热衷。这在欧美的所谓"老钱"富豪家族相当常见。不管是为了彰显自身品位还是其他目的，这些家族往往都以收藏艺术品、捐助艺术机构为荣。饶是如此，在艺术收藏方面，赛克勒家族也可以算是这些富豪家族中的佼佼者，不但财力极其雄厚，而且在艺术方面舍得一掷千金。尤其值得一提的是，除了西方艺术之外，赛克勒家族对东方艺术也很感兴趣，他们的收藏品中有不少来自亚洲地区。

然而无论在哪一所现在仍然或是曾经冠名赛克勒的博物馆，你都无法看到阿瑟·赛克勒最为重视、最为喜爱的一件收藏品——来自中国长沙的帛书。

所谓帛书，就是写在丝帛上的文书。在纸张发明前，书写介质主要有竹简和帛两类。自然，相比笨重的竹简，平整轻便的帛作为书写介质在性能上要优越许多。然而和任何丝绸制品一样，帛的价格较为昂贵，直到纸张发明，中国人才拥有了既轻便又便宜的书写介质。

帛书实际上就是蚕丝的一种存在形式。蚕丝主要成分是蛋白质，无疑可以成为某些微生物的食物，如果暴露在强光之下，则会加速破坏蛋白质的结构。尽管就服装面料来说，丝绸尚属于较为耐久的产品，但是纸张出现后帛书就丧失了实用价值。保存到现代的帛书都是两千年以上的老古董，这么久的时间，足够让绝大部分丝质材料彻底降解破碎了。

1942年，四个盗墓贼在长沙子弹库盗掘了一个之前从未被盗过的战国楚墓。长沙地区的古墓有的会用白膏泥密封，如果技术运用得当则密封性极好，甚至在密封被破坏时墓中积累的甲烷等易燃气体逸出，遇到明火会有喷火现象，这在长沙当地的"土夫子"（盗墓贼）口中称为火洞子。子弹库战国楚墓就是这样的火洞子。

盗墓贼在墓中发现了一篇帛书，随后他们将墓中文物售予当地的文物贩子唐鉴泉，因为几个土夫子都大字不识，所以帛书直接被当作赠品附赠。唐鉴泉本是裁缝出身，虽然改行做了古董生意，但是也谈不上对古物有多了解。两年后，消息传到湖南大收藏家蔡季襄那里。蔡季襄精通文史，慧眼识珠，认出帛书乃是无价之宝，收购后对帛书进行了修复。亦有说法是帛书出土后，蔡季襄声称帛书不值钱，请盗墓的土夫子吃了顿饭就把帛书拿到手了。

此时长沙遭遇侵华日军围攻，在逃难的过程中，蔡季襄的夫人和一个女儿为避被日寇强奸投水自尽。蔡季襄以研究帛书抚慰伤痛之情，并发表了关于帛书的研究成果。抗战胜利后，蔡季襄前往上海售卖文物，碰见了美军情报人员柯强（John Hadley Cox）。柯强在读了蔡季襄的研究之后对帛书很感兴趣，双方约定柯强先付给蔡季襄1000美元，在找到新买主后再支付9000美元收购帛书。几天后，柯强就把帛书交给了同事带回了美国。亦有说法为，柯强以帮忙用先进照相机拍摄帛书为名，骗走了帛书，随即立刻让人带回美国，蔡季襄无奈之下权且收下定金1000美元并立下柯强欠款9000美元的欠条。

无论如何，蔡季襄对此次售宝非常后悔，几个月后，他去信柯强要求归还帛书，并提出可以返还1000美元，但是此时柯强已经回到美国，他无视了蔡季襄的请求。蔡季襄随后央求去美国的朋友找到柯强。柯强给了一个非常模糊的回复，说自己会卖出或归还帛书。

直到1964年，财务状况异常拮据的柯强才通过中间人把帛书卖给了美国富豪——亚洲艺术大收藏家、普渡制药掌门阿瑟·赛克勒。赛克勒一眼就相中了帛书，并称其为他最重要的收藏品。赛克勒具体的收购价不得而知，但是中间人开价50万美元。在20世纪60年代，这是一笔巨款。此时中美两国之间没有外交关系，蔡季襄自然也无法再联系柯强进行索要。赛克勒可能对帛书流出中国的过程不合法有所知晓，他曾经去信柯强等人询问帛书的归属权。或许也正因如此，赛克勒从未在包括他名下的各博物馆在内的公开场合展出过帛书，而是安放在家族私人基金会内，他也经常表示想要把帛书归还中国。

根据赛克勒的回忆，他曾有过两次差点归还帛书的机会：1976年赛克勒访华，本欲将帛书归还郭沫若，不过郭沫若生病，两人未能会面；20世纪80年代赛克勒在北京大学捐赠了赛克勒考古与艺术博物馆，据说曾想趁机归还帛书，然而1987年赛克勒去世，博物馆尚未开门，此事不了了之。至于赛克勒是真的想归还帛书，还是只是往脸上贴金就不得而知了。据有幸目睹帛书原件的北大中文系李零教授所言，目前长沙帛书的保存状况并不是很好，甚至长了霉菌。

子弹库楚墓帛书充满着神秘的色彩。大体上这篇帛书有两大段文字，书写方向相反；四周是12小段文字，每小段旁边画着一个精怪，对应十二月神，精怪的名字和《尔雅》中的十二月名基本对应；而在四个角落则画了四种颜色的草木作为分隔。大体而言，中间的两大段文字讲的是可以主宰人命运的天神和神话，边上精怪每种代表一个月份，提到这个月适宜什么、不宜什么。整篇帛书大致体现了阴阳五行的思想。

虽然帛书本身文字总数不到千字，图画精怪加上四色草

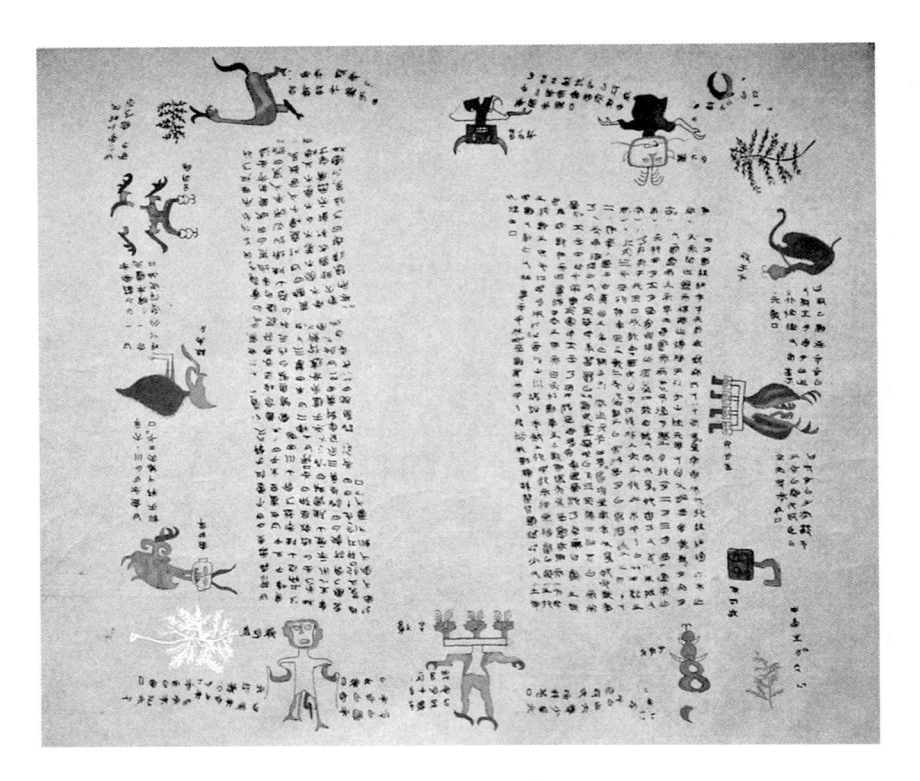

子弹库楚墓帛书摹本

木也不过 16 小幅,但是小小的帛书却是战国时期独特的楚国文化的反映。

楚国和楚文明气质独特,早在西周时期,楚君熊渠就曾经有"我蛮夷也,不与中国之号谥"的说法。熊渠将自己的三个儿子都封为"王",可以说是冒天下之大不韪。到了春秋时期,楚武王无端征伐随国,随君说:"我无罪。"按照当时的习惯,要师出有名。楚武王则再次声称"我蛮夷也!"因此无须理会中原各国遵守的规矩。

不过尽管楚人动辄以"蛮夷"自居,他们是否真是真正意义上的"蛮夷"却是可以打一个问号的。

和位于东南地区的吴、越两国不同,楚国的祖先是较为明确的中原人,脉络也相对清晰。与吴国开国故事里泰伯仲雍从陕西一路跑到吴地,迅速被当地人接纳甚至推举为首领的奇幻故事不同,传世说法里楚国人把自己的祖先追溯到传说中五帝之一的颛顼(如屈原的《离骚》头一句就是"帝高阳之苗裔兮"),随后经过吴回(即祝融,曾经是火官,其部落分布在河南新郑一带,春秋时期郑国都城新郑仍被称作祝融之墟)、季连等,后来一直传到鬻熊。鬻熊曾经投奔周文王,因为这层关系,鬻熊的后代熊绎被周成王封为楚子,被封在丹阳。此时楚国在诸侯国中的地位并不高。随后楚国历任先君筚路蓝缕,逐渐以今天的湖北地区为核心扩张,最终在几百年后的春秋战国时期成为南方一霸。

总的来说,以楚国的发迹史来看,虽然后来楚国成为南方一霸,但是早期楚人的发展中心则在今天河南的中原地区,只是后来才逐渐向南方移动,哪怕是熊绎分封到的丹阳,也大约在今天河南南部淅川县丹江口水库一带,因位于丹水之北称丹阳。一直到春秋时期的楚武王,才把都城南迁到位于今天湖北的郢。

然而当本属中原人的楚人逐渐南迁时,他们和中原的关系也渐渐开始发生变化。华夏文明的早期核心在黄河流域,华夏先民对于南方地区的了解较为有限,甚至会心生畏惧。

古代的华夏先民往往视南方地区为烟瘴之地，如有"江南卑湿，丈夫早夭"的说法。但是楚人在南迁过程中则堪称开辟了新天地。就春秋战国时期发展较为成功的诸侯国来看，这些诸侯国几乎都分布在当时华夏文明的边缘地区。与拥挤在中原之地的诸侯国相比，这些诸侯国拥有更大的发展和扩张空间，向外扩张不会引发复杂的诸侯国之间的外交和军事干预。而在这些诸侯国中，楚国可算是发展最快、地位提升最多的诸侯之一。

虽然至迟到春秋早期楚国已然是个大国，但是在周朝"公侯伯子男"五等爵位体制下，楚国国君只是第四等的子爵，《左传》中经常把楚国国君径称为楚子。这在春秋时期的主要诸侯国中地位算是相当之低。与之相比，晋国、齐国、鲁国国君分别是晋侯、齐侯、鲁侯；宋国则由于公室是商朝王室后裔，受特殊优待称宋公；哪怕是同样位于边陲的秦国，国君也是秦伯。甚至是被扩张中的楚国控制吞并的汉阳诸姬，即和周朝宗室有血缘关系的汉江流域的系列诸侯国，其国君的爵位也往往高于楚国。如因为曾侯乙墓而声名大噪的曾国，即为侯国。

正是实际实力和名分地位上的巨大落差加之中原诸国的歧视，最终让楚国选择了摆脱周礼的桎梏，才有了熊渠把自己的三个儿子封王之事。而且楚武王活着的时候就已经自封"武王"，更是和中原地区的谥号习惯大不相同。从春秋战国后来的历史看，周室衰微的趋势无法改变，各诸侯国各自称王只是时间早晚问题，楚国不过是敢为天下先的首开先河者。

作为华夏文明向南开拓的先行者，楚国在向南发展的过程中，一方面不可避免地与当地人发生斗争，另一方面却又在文化上受到当地人的影响。如子弹库帛书中所绘制的12个精怪的图形，就很有可能是楚人吸收了一些南方土著的宗教信仰。楚国文化上逐渐南方化的例证比比皆是。早期的楚国器物同中原诸国类似，如西周时期的楚公蒙钟风格上一如中原诸国。然而随着楚国的重心渐渐南迁，淅川楚墓出土的诸如云纹铜禁之类的精美器物就有了楚国自己的特征。也无怪乎在当时中原诸国看来，楚国已然变成了边陲蛮夷之地。

而更能体现楚国和中原诸国差异的，则是楚国独特的语言文字。楚国的语言和春秋战国时期中原地区的语言有所差别，这点在一些先秦的古籍中已经有记载。譬如《左传·庄公二十八年》记载了这样一个有趣的故事。当时楚国的令尹是楚文王的弟弟子元，子元试图勾引楚文王的夫人息妫，因此在宫廷边修了自己的住所，并且跳一种名为"万"的舞蹈。息妫听说后流泪说："先君以是舞也，习戎备也。今令尹不寻诸仇雠，而于未亡人之侧，不亦异乎！"意思是，楚文王时代跳"万"舞是为了军事训练，而子元不思攻打仇敌，却在寡嫂身边跳"万"舞，是奇怪的事情。子元知道后非常惭愧，于是决定攻打郑国，一度攻入桔柣之门，但是后来由于其他诸侯救援，攻打失败，因此"县门不发，楚言而出"。此时楚国将领们互相之间交流使用的"楚言"已经和中原地区的汉语有明显的区别，以至《左传》的作者也只是知道发生了将领之间交流的事，具体交流的内容则不得而知。

对帛书的研究甚至改变了我们对上古中华文明的一些传统看法。对于多数中国人来说，伏羲、女娲都是熟悉的名字，这两位上古大神居于中国神话体系的核心。尤其女娲造人、女娲补天，更是耳熟能详的故事。不过长久以来，这两位上古大神到底是怎么出现在中国人的思想体系中却颇为难解。

按照后来流传的神话，伏羲、女娲为兄妹关系。但是在上古时期，伏羲和女娲却是两个互相独立的神祇。

传世文献中伏羲首次出现是在解释《易经》的《系辞传》中，书中伏羲被认为是八卦的发明者。原文为："古者包牺氏之王天下也，仰则观象于天，俯则观法于地，观鸟兽之文与地之宜，近取诸身，远取诸物，于是始作八卦，以通神明之德，以类万物之情。"《系辞传》相传作者为孔子，实际上是由战国到西汉初年多个作者撰成。《吕氏春秋集释》里则有"太皞，伏羲氏，以木德王天下之号"的记载。无论如何，在这些有伏羲出场的最早的一批传世文献里，我们看不到女娲的身影。

无独有偶，早期伏羲神话里找不到女娲，反过来在女娲神话中也找不到伏羲。女娲恰恰最早出现在楚国文献中。最早记录女娲的人正是大名鼎鼎的战国楚国诗人屈原。屈原的《天问》对女娲提出了这样的疑问："女娲有体，孰制匠之？"在女娲造人神话中，女娲参照自己的模样用泥土捏出了人，说明女娲已经具备了人的形体。然而这样的人形女娲，自己又是谁创造出来的？

在上古时期，伏羲、女娲似乎是两位不搭边的神祇，各司其职互不打扰,甚至可能还有些地域性的差别。传世文献中最先把伏羲和女娲明确联系起来的是西汉的《淮南子》,《淮南子·览冥》里提道:"伏戏、女娲不设法度,而以至德遗于后世。何则?至虚无纯一,而不喋喋苟事也。"对两位上古大神推崇备至。尽管如此,伏羲、女娲仍然是并举关系,后世把二者视为兄妹甚至夫妻的说法尚未明确出现。不过也正是在东汉的文献里,开始出现把女娲认作伏羲的妹妹的记录,同时汉朝的画像石里,也开始出现了人身蛇尾的伏羲、女娲,甚至二者还出现了蛇尾互相交缠的现象。这类伏羲、女娲最出名的形象大概出自隋唐时期高昌国(位于今天新疆吐鲁番)的墓葬,其中经常陪葬有伏羲、女娲图。这类图一般伏羲、女娲均是人身蛇尾,两人穿一条下衣,蛇尾则纠缠在一起。伏羲手中持规,女娲则持矩。至于伏羲和女娲的人面部分,既有模样是中原汉人的,也有高鼻深目胡人的。此时伏羲、女娲神话的影响早就扩散到了中原之外了。

然而子弹库帛书的出现却对传统的伏羲、女娲神话发展脉络产生了颇大的冲击。以先秦时期楚地的传世文献来看,伏羲是否出场过都成问题。但是帛书中有一个疑似伏羲的形象,只是并不写成"伏羲"。在帛书中,伏羲的写法是"🅰️虘"。从第一个字的部件来看,勹应充当声旁,勹就是包,整个字可能是楚文字中"雹"的写法。

从早期的伏羲、女娲出处可以看出,"伏羲"的写法在早期并不固定,甚至可说是变体多端。以今天普通话或者大部分汉语方言的读音来看,不少写法的读音差距相当大。譬

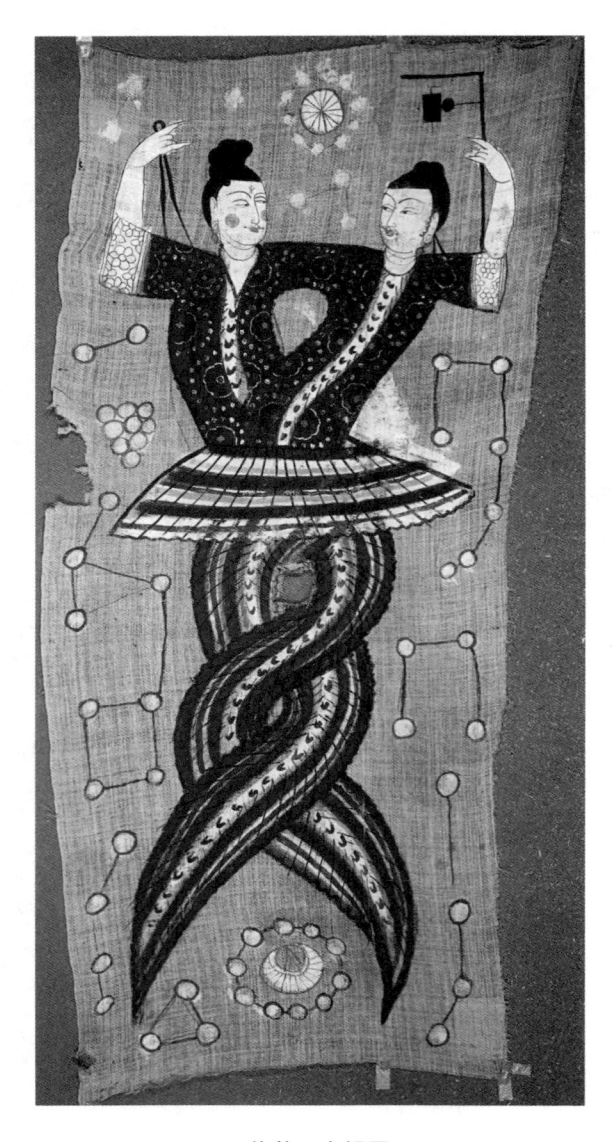

伏羲、女娲图

如"伏羲"在传世文献中首次出场就以"包牺"氏的面目出现。因此在帛书写就时的楚方言中,"雹"和"伏"的语音有相通之处是合理的。上古到中古早期的汉语没有 f 这样的声母,因此伏羲的这些写法的读音是比较接近的。

相比变化多端的"伏羲",传世文献中"女娲"的写法相对固定。但是在帛书中,女娲的写法则是女🕮,字形非常难解,以至于构件应该怎么分析一直没有确定的答案。这个字形虽然有些古怪,但由于女娲的记录最早本就出自楚地,子弹库帛书的年代又特别古老,人们推断这很可能是女娲最初的写法。

但是尤为耐人寻味的是,帛书记录的神话中,伏羲和女娲已经是一对夫妻了,他们生了四子,分别是四时(春、夏、秋、冬四季)之神。四时神以春为首,名字中分别有青、朱、白、墨(黑)四色,和帛书周围的四色木的颜色也颇为对应,同东方青龙、南方朱雀、西方白虎、北方玄武的指向如出一辙。

这样以颜色来和方位对应,对后世的影响极深。如欧亚非三大陆交会处有黑海、红海,而土耳其语里把"地中海"称为 Akdeniz,即"白海"的意思。里海东北角的海湾则在早期地图中称作 Blue Sea 或者 Mer Bleue(法语"蓝海")。如果以小亚细亚半岛为基点,所谓蓝、红、白、黑四海就正好位于东、南、西、北四个方向,这恐怕不会是巧合,而是上古中国文化播散的结果。

此外,除了继承中原传统之外,楚国文化兼容并蓄,也吸纳了许多南方特有的成分。早在战国时期,楚国的数字就和其他地方有所差别。

帛书里面在伏羲前冠以"大(天)㲋"的尊称。颇有意思的是,楚文字中还有一个上"羽"下"能"的字䎽,它在楚国文字中较为常见,早在1957年于安徽寿县出土的鄂君启节中就发现了这个字。

鄂君启是战国时期楚国的封君,也是当时的大生意人,被楚怀王封于鄂(今湖北鄂城)。鄂君启拥有大量的车辆商船,在楚国范围内通行经商需要有通行证,也就是所谓的"节"。鄂君启青铜制成的金节上刻有铭文,规定免税数额、范围、时效等信息。

这些金节的末尾都提到了"岁䎽返",关于这一小句的实际含义并无太大争议,无非是规定金节的有效期为一年(一岁)。然而表示一年为期其实有颇多说法。20世纪中期以来,学者先后将其解释为"岁能返""岁盈返""岁乃返""岁代返",似乎都说得通,但是都有点怪异。

因此长久以来,䎽到底表示什么也一直是个有颇多争议的话题。说它是"能",从字形上看是合理的;"乃"则是基于古代"能"的一个不读鼻音韵尾的读音;"盈"说,则是认为本来写的是"赢",可以假借为同音的盈,这在逻辑上步骤就多了;"代"说,则是认为本来写的是"翼","翼"假借为"弋","弋"再假借为"代",如此复杂的假借颇为离奇,很难想象战国时期的楚人会这么自找麻烦。

除了著名的金节外,在一些楚简中同样出现的䎽到底是

鄂君启节

什么更是众说纷纭。有说可能是"熊"的特殊写法,甚至还有说可能是蝙蝠。如此多的说法,哪怕春秋战国时期的楚人复活恐怕也会惊叹于后人的想象力。作为一种有效使用的通行汉字,楚国文字必然不可能搞得如此混乱,种种说法颇有盲人摸象之感。

1993年,湖北荆门郭店出土了一批楚简,让我们对楚国文字有了更多的了解。总体而言,这批楚简有《老子》,其中还有一些之前并未发现过的文段,如《五行》《太一生水》。道家思想的起源、发展和楚地有非常密切的联系,郭店楚简也颇具道家思想,其中在《五行》中有"淑人君子,其义(仪)鼠也"。同样的句子也出现在传世文献中,《诗经·曹风·鸤鸠》中就有"淑人君子,其仪一兮"。同样出于旧时楚文化区域的长沙马王堆帛书里也出现了这个句子,也写成"叔(淑)人君子,其宜(仪)一氏(兮)"。

此外郭店楚简出土的《太一生水》中,也出现了体现道家思想的"鼠缺鼠盈"。相对于其他阐释,把"鼠"视为"一"的一种特殊写法解读起来文从字顺,获得了广泛认同。因此"鼠"的意思得到了确认——这就是一个楚国特色的"一"的写法。至于楚国人为什么放着简单的"一"不写而写复杂的则尚待解释。有说其作用颇为类似防止篡改的所谓"大写"数字。今天"一"的大写数字一般写成"壹",在更早的时代"弌"也是相对常见的写法。这样的写法可以较为有效地防止其被篡改为"十"或者"七",但是不太能防止被篡改为字形极为接近的"弍",因此"弌""弍"在正式场合

《太一生水》简细部

已近乎被双双弃用。考虑到被篡改的危险，楚人可能在某些场合更愿意使用写起来相对麻烦却很保险的字。

然而尽管𦊆是什么意思得到了解决，但这个字应该怎么读、为什么要用它表示"一"仍然是个难题。无论是象形字"一"，还是以"吉"为声旁的形声字"壹"，都可以在汉语框架内得到解释。本质而言，楚国使用的方言仍然是一种汉语。楚国文字就算有自身的特色，总体还是逃不出汉字的框框。楚文字和通行文字的不同之处一般也能有较为合理的解释。如通行文字"乌"是一个象形字，和鸟的区别只在于是不是有"点睛"之笔，这是由于乌鸦色黑，眼睛不明显，所以"乌"字少了"眼睛"。在楚文字里，"乌"却是以"於"作为声旁的形声字。战国时期的汉语"於"和"乌"的读音差不多都是 a，在中原和荆楚未见得有什么差别，因此楚人把"乌"写成形声字并非反映楚人语言上的区别，只是楚人采用了不同的字形而已。甚至可以推测，假如中原诸国的人看到了这个楚文字，稍加适应也能很快猜出它的意思。

"乌"的例子不是孤例，楚文字和通行文字比起来最有特色的是声旁往往不一致。饶是如此，一般也可以在上古汉语框架下得到解释。譬如楚国文字"邻"和"怜"都采用"文"（楚国文字把"令"写成"文"）作为声旁，和通行文字"鄰"和"憐"以"粦"为声旁大相径庭。以中古以后各汉语方言的读音来看，楚国文字的写法相当令人费解，但上古汉语是可能有复辅音的，哪怕在今天的汉语里我们也能找出类似"命""令"这样的读音相近、意思相近，但是声母交替的字。在战国以前的上古文字中，也往往出现"令""命"的通假，说明当时两个字的读音还相当接近。这类通假在战国以后于秦文字中渐趋消亡，但是偏居南方的楚国方言语音保守存古，很可能仍然保留了古老的复辅音。

然而"一"用"能"作为声符用汉语就无论如何解释不通了。在楚国以外其他地区的古文字中，绝对没有"一"和"能"可以通假的记录。这两个字从上古汉语一直到现代汉语读音都相距甚远，完全没有相通的基础，甚至哪怕不管汉字，直接追溯到汉字起源前比上古汉语更加久远的时代，"一"和"能"相通仍然是非常诡异的现象。

汉语属于汉藏语系。总体说来，汉藏语系中数词属于最稳定的几类同源词之一。整个汉藏语系 2—9 高度同源，各种语言都大体采用同一套词汇［藏语的 7 写作 བདུན（bdun），是个例外］。然而在最基本的数词"一"上，汉藏语系的诸多语言却很难求得共识。

就"一"来说，大部分汉藏语系的语言都会采用一个在古代以 t 开头、k 收尾的词根，譬如藏文 གཅིག/gcig（藏文的 c 来自更早的 ty），缅文 တစ်/tac（缅文 ac 来自更早的 ik），位于四川西部的、素以语音保守著称的嘉戎语则是 /kə tɐk/，几乎可说是保留了这个词根的原貌。其他汉藏语虽然有的语音形式并不如藏文、缅文抑或嘉戎语那么保守，但是一般也能看出是来自同样的词根，如"一"在四川凉山的彝语中是 /tsʰz̩˦/，在丽江的纳西语中则是 /dɯ³¹/。这个词根在汉语中也有对应的形式，即"只"，更准确地说，对应的应该是"隻"（现在的简体字"只"对应"隻""只"两个字）。"隻"的上古汉语读音构拟为 /*tek/，和汉藏语系的各支系语言的早期状态如出一辙。只是在汉语中，"只"表示的更接近于单独、单一，有"只身""只字不提"，后来更是衍生成了量词，并不像其他很多汉藏语系的语言那样当作普通的数词来使用。

汉语中用作数词的"一"来源则较为神秘，这个词根在汉藏语系的很多语言中都难觅痕迹，甚至会让人怀疑汉语的"一"是不是汉语自己创造出来的一个基本数词。然而在遥远的位于喜马拉雅山南麓印度的金瑙里语，"一"的说法是 id，和古汉语的 /ʔit/ 极其接近。考虑到汉语在历史中几乎不可能跨越青藏高原的重峦叠嶂和藏语等语言对山南的金瑙里语施加影响，唯一合理的解释就是，历史上汉语的"一"确实也是汉藏语系中就有的词根，这个词根在整个语系分布的腹心地区遭到弃用，并被"隻"取代，但是在东西边缘的汉语和金瑙里语等语言中则得到了保留。

在今天，绝大部分的汉语方言表示 1 都使用"一"，一个重大的例外是福建的方言：福州话 1 说 /suoʔ⁵/，建瓯话说 /tsi⁴²/，厦门话说 /tsit⁴/，潮州话说 /tsek⁴/，海南话说 /ziak⁵/。

这个存在于福建方言和福建方言衍生出的潮州、海南等地方言中的"一"，有人认为可能本来是"蜀"。今天虽然闽南本土厦门、漳州、泉州地区已经读为 -t 尾，但是在早期西班牙人记录的菲律宾华裔所说的漳州话里，"一"的注音为 cheg，甚至 19 世纪末日本人侵台以后编写的《台日大辞典》里也记有泉州话读 chek。

这可能和古代的楚方言也有着一些联系，早在西汉时期的《方言》中就提道："一，蜀也，南楚谓之独。"如果记载准确的话，则在西汉时期楚地方言的"一"用词仍旧颇具特色。繁体字"獨"以蜀为声旁，两个字有相当密切的关系。此外，另有一个"祏"字也有"专一"的意思，也有人认为一些闽语方言的"一"其实应该是"祏"。无论如何，这些字读音都相对接近，或许本来也就同出一源。

福建的方言是当今汉语各大方言中分化最早、留存上古成分最多的一支，因此福建方言中的"一"较为特殊也不足为奇。不过闽语中独具特色的"一"的用法也相对受限，如果出现 11 这样的数字，个位数的 1 就采用和其他汉语类似的"一"了。然而，福建方言的"一"说到底仍然是汉藏语系本有的词，战国楚方言的"一"则不然。就算再怎么仔细筛查汉藏语系的各亲属语言，也找不到哪种语言会把"一"说成类似"能"的读音，不过要是把视野移到汉藏语系之外，就很容易发现整个东亚和东南亚可能有上亿人把"一"说成"能"。

如果去过泰国旅游，又出于和泰国人讨价还价的目的学过一点泰语，你很容易就会发现泰国人把"一"说成 หนึ่ง /nɯŋ˨˩/，和"能"的读音颇为接近。这个读音很接近"能"的"一"不光在泰语中有，在老挝语、傣语和一些壮语的方言里同样存在。

由于历史上壮侗语受到汉语的强烈影响，今天绝大多数壮侗语的数字出现了被汉语数字替换的趋势。就算是分布最靠南的泰语，数字3—10也统统采用古汉语的发音。2则说 สอง /sɔːŋ˩˩/，虽然并非汉语的"二"，但一般认为其实也就是汉语的"双"。此外，2如果出现在高位，则直接采用汉语"二"，如20就说 ยี่สิบ /jiː˩.sip˨˩/，出现在10以上数字中个位的1（如31的1）则是说 เอ็ด /ʔet˨˩/，即汉语的"一"。

这个泰语中的 หนึ่ง 仍然保留了和其他数字一些不一样的性质。总体而言，泰语的语序为修饰词放在中心词后，譬如汉语说"新年"，泰语说 ปีใหม่（pi mai），pi 是年，放在前面，mai 是新，放在后面。不过数词却是这样的语序的一大例外。可能是由于数字历史上是借自汉语的缘故，泰语的数字往往放在中心词前。譬如"三年"说 สามปี（sam pi），而非 pi sam。可是在 หนึ่ง 上泰语则允许这个词放在中心词后，"一年"可以是 ปีหนึ่ง（pi nueng）。

因此䰜这个奇怪的字或许应该读"能",当时的楚国语言环境相当复杂,除了别具一格的楚方言外,也有非汉语的存在。在楚国人把汉语扩散到南方时,楚国的方言也从南方的本土语言中引入了一些词汇,其中把"一"说成"能"就是从今天泰语、傣语和壮语等语言的祖先——古壮侗语中引入的,即古人所谓"百越"所说的语言。

说到越,春秋战国时期最有名的当然还是以今天浙江为中心的越国。这是一个历史极为悠久的古国,可以追溯到夏朝。但是越人的分布远非局限在越国。根据当时的记录,吴、越两国同风同俗,吴国地名多有来自百越语的,则吴国的老百姓和越人至少也有沾亲带故的关系。楚国虽然位于长江中游,但也有不少越人居住。金节的持有者鄂君启就曾经在一次舟游过程中听到越人舟子唱歌,请人翻译后非常感动,"乃揄修袂,行而拥之,举绣被而覆之"。

通过楚语引进的早期借词当然不止一个,传到今天最有影响力的可能是"江"。"江"的来源似乎是跟越南语、高棉语和孟语有关联的一种语言,这也是早期乃至现在带"江"的地名主要分布在中国南方的原因。这个提供了"江"的语言可能也和楚人一些怪异的人名有关。以目前的考古和古代语言文字研究水平来看,楚人的很多名字已不可考。幸运的是,在少数情况下,这些名字的意思被当时的人记录了下来。如在子元后担任令尹的子文本名"斗谷於菟",《左传》明确写下了他名字的来源。他出生后被抛弃在云梦泽里,被人发现的时候有一只母虎在给他哺乳,这段颇具传奇色彩的经历成了他名字的来源:楚国人把"乳"称为"谷","於菟"则是"老虎"的意思。"虎"在高棉语中叫ខ្លា(khlaa),在孟语中叫ကျာ(klaʔ),和"於菟"的上古音颇有相近之处。

总体而言,春秋战国时期楚国的语言似乎要比当时的中原诸国更加保守一些。楚国地处南方,与中原地区的交流相对较少,语言环境相对封闭,中原汉语发生的变化传递到楚方言有延迟效应,但与此同时,楚方言又因为地理原因吸收了一些南方其他语言的特征。当年的楚方言正如今天位于岭南的粤语一样,很多方面比北方的汉语方言更加保守、保留更多古音,又有些并非从古汉语中来的词汇。楚国是战国七雄中最靠南的,其在南方六百余年的统治对南方其他语言的影响也较为深远。说汉语的楚人,也逐渐将汉语词汇播散到了南方语言中,一些南方语言的汉语借词还能看出一定的楚国风味。如泰语把"关闭"这个动作称为ปิด(pit),而在楚国文字里,"闭"正写作"閟",声旁"必"是一个入声字,上古读音即为/pit/,泰语这个词很有可能是来自楚方言。

战国时期楚国人还把"棘"写成"朸",声旁为"力"。从"力"能够用来谐声"棘"来看,当时楚国的方言中"力"有相当大的可能是一个复辅音声母,如 kr/gr 之类,如此才适合充当"棘"的声旁。越南语"力"的上古音为 sức,今天越南语的 s 声母多来自古代的 kr,甚至越南中部还有存古的亲属语言把"力"说成 /kʰrik⁷/。泰语 6 则说 หก(hok),通过和读 rok、khjok 等的壮语各方言比较,可以看出早期借入壮侗语时的数字 6 本读 krok。而十二地支中的"戌",在德

宏傣语还读 ᥛᥥᥣ（met），古代的泰文则写作 เส็ด（set），显示在借入时"戌"的声母还是 sm-。这些南方语言早期从汉语借入的读音往往相当保守，和楚方言有千丝万缕的联系。

既然楚文化有如此强大的影响力，按理说中国以楚命名不为过，不过"楚"和 Chin 读音相差较大，不太可能是 Chin 的来源。不过楚国的另一个名称"荆"倒是和 Chin 有几分相似。

上古时代的名称流传到今天多有变动。你如果对先秦时代的历史感兴趣，肯定知道楚国王室姓芈，熊氏。"芈"这个略微古怪生僻的汉字除了用在楚姓之外，只能用来表示羊叫。托热播电视剧《芈月传》的福，现在全国人民都知道"芈"怎么读。当然，今天普通话里，"芈"的读音"mǐ"听起来并不是很像羊叫，这得归因于汉语历史上的语音变化。在中古时期，"芈"的读音就是 mie，发音略接近今天的"咩"，可见从古至今，中国人耳朵里听到的羊叫声并没有太多变化。

在后世看来，楚国王室的姓氏都和动物有关，相当奇特。楚人对熊和羊真的有那么喜欢吗？从今天所能见到的史料来看，楚国王室虽然顶着"熊"氏，但是对熊这种猛兽似乎并无特别的情感。熊甚至还可以是楚国王室的食材。譬如楚成王在遭遇世子逼宫政变时，他最后的愿望是吃熊蹯（熊掌），但是世子并未满足成王的请求，而是让他赶紧自杀了。

其实在楚国出土的青铜器铭文和楚简中，楚王室为嬭姓酓氏，公族女子有叫"仲嬭""嘉嬭"的，楚王有叫"酓章（楚惠王熊章）""酓巨（熊渠）""酓肯（楚考烈王熊元）"

的。熊氏最早出自先秦时期秦人诅咒楚国的石刻，里面被咒的楚君为熊相。此外，战国中期的新蔡楚简里，楚国有个先祖的名字写作"穴酓"或"穴㷒"。可以说楚王室的姓氏与作为动物的羊和熊并不一样。

如果按照今天的语音来看，"嬭"和"芈"相通尚可理解，因为"嬭"和同声旁的"弥（彌）"读音尚且接近，"酓"和"熊"互通就让人摸不着头脑了。这两个字首先就有韵母上的鸿沟：普通话里"酓"收 -n，而"熊"却收 -ng。

今天的普通话不区分 -n 和 -m，但是近古以前的汉语是区分的，所幸在一些南方方言中还保留了这两个鼻音的区分。"酓"在粤语里读 jim，属于收 -m 的字，"熊"又是怎么能和 -m 尾的字相通呢？

在早期的汉藏语中，"熊"本是一个收 -m 的字。如藏文熊为 dom，缅文则为 wam，相对而言，缅文的写法更加接近词根，藏文则加上了一个表示动物的前缀。在四川西部的嘉戎语里，这个前缀还和词根有一定的分离度，读 /təwaʔm/。甚至一直到中古时期，收 -m 的熊还被意外记录。例如大理古城背靠的点苍山在东晋文献《华阳国志》里叫"熊仓山"，唐朝时又出现了"玷苍山"之名，后又称"点苍"。大理所说的白语也是一种汉藏语系的语言，白语对点苍山的称呼可以直接解为熊跳山。点苍既然在古代就叫过"熊仓"，现代白语意思为"熊跳"，那么第一个字无论是"熊"还是"玷""点"，指的都是熊。在今天的大理白语里，熊的读音为 /tɕe³⁵/，已经完全看不出鼻音的痕迹。大理北面剑川的白语里，"熊"的

读音则为 /tɕĩ⁵⁵/，是个鼻化元音，还能看出历史上的鼻音痕迹。但是"点"在唐朝的中古汉语仍然以 -m 收尾。依这样看，南诏时期的当地语言中，"熊"依然保留了 -m 的读音。

就汉语来说，最早"熊"的写法就是"能"，是个象形字。后来因为"能"被借去表示"能"，表示动物的"熊"才添上了声旁"灬"。"灬"本来是"炎"，也正是一个收 -m 的字。今天闽南潮汕地区的方言里"熊"读 him，亦有可能是保留了汉语古音。甚至有人认为熊的日语"くま（kuma）"和朝鲜语"곰（gom）"也有可能是上古时代从汉语中借入的。

总体而言，从上古汉语到中古汉语，虽然汉语鼻音韵尾都是 -m、-n、-ng 三个，但是有一小部分字从 -m 跑进了 -ng。最早发现这一点的是东汉末年的刘熙。他发现"风"在青、徐（今天山东和徐州一带）收 -ng，但是在中原地区则收 -m。由此可见这类 -m 并入 -ng 的音变是起自中国东海岸，时代可能要追溯到东汉。位于南方的楚方言多有保守存古之处，在东汉时期也不属于青、徐方言。战国时期楚方言"熊"当然应该还是收 -m 尾的，雅言和秦方言也当如此。所以不管把"酓"写成"熊"是不是真的是作为竞争对手的秦国恶意为之，从语音上讲，这并不是多么离奇的事。

楚人倒是确实自称"荆"。包山楚简中记载祭祀楚国先王时直接写了"与祷荆王"。然而"荆"在明朝之前声母都是 /k/，今天闽粤地区的方言"荆"仍然保留了这个声母。上古汉语"荆"的读音很有可能为 kreng，这样的音无论如何也不可能被弄成 Chin 的。

相对来说，如果认为 Chin 最早是来自南方，更靠谱些的则是 Cīna 或许是来自古代的"滇"国。与夜郎国相似，滇国同样位于西南贸易路线上，有接触古印度的相对便利。尽管上古汉语的"滇"的声母和今天一样（汉语拼音 d 或国际音标 /t/），在外传过程中经过某种腭化的方言或中介语变成 Cīna 倒也不是完全没有可能，就如今天陕西也有"低/鸡"同音的方言一样。

无论如何，几千年来，Chin 和中国一样，潮起潮落却始终坚韧不拔。中国是当今世界现存的连续存在时间最长的文明。不管 Chin 到底来自中国的哪里，它都已经是我们这个古老而奋发的国度值得骄傲的名字。